郵船クルーズPresents

ASUKA, Around the World

Vol.32

文=中村庸夫　写真=中村武弘

JN121575

菜の花畑と博多湾

福岡の博多港に度々寄港する飛鳥Ⅱを、
福岡らしい風景やランドマークとともに撮影しようと、
ヘリコプターで飛ぶ。
しかし、クルーズターミナルは福岡空港の
離着陸の航路の真下に位置するため、
上空の飛行許可が下りない。
飛行航路から離れて見下ろすと、
玄界灘の荒波からまるで博多の街を守るかのように、
金印の出土した志賀島と、九州本土をつなぐ
全長約8kmもある陸繋砂州の海の中道が続く。
海の中道の地形は大きすぎ、
満足のゆく撮影ができないでいたとき、
観光パンフレットで目にしたのが能古島の
菜の花畑から博多湾をはさんで志賀島を望む写真。
能古島は博多湾の入り口中央に浮かび、
九州本土から2km、面積約4㎢の自然豊かな小さな島で、
島の北西端にある「のこのしまアイランドパーク」の、
海を見下ろす斜面に四季折々の花が植えられ、
福岡県民の憩いの場となっている、とのこと。
この写真に出会ったとき、思わず「やった！」と思った。
お花畑越しに博多港に出入りする飛鳥Ⅱと志賀島、
その向こうに玄界灘が望めるロケーションは最高だ。
春先にフェリーで島に渡って菜の花畑に行くと、
博多港に出入りする船が次々に目の前を通過して行く。
やがて飛鳥Ⅱの大きな船体が玄界灘から
博多湾へと入ってきて、イメージ通りの絵にまとまった。

なかむら・つねお
海洋写真家として海や海の生物、客船の写真を撮り続け、年間の半分近くは海外取材を行っている。2011年、内閣総理大臣から「海洋立国推進功労者」を受賞。「飛鳥」「飛鳥Ⅱ」を就航以来、撮り続けている。

なかむら・たけひろ
海の自然や水族館、船などを撮影し、磯や干潟など海辺の環境をテーマとして長年撮り続けている。就航以来「飛鳥Ⅱ」の撮影に関わる。著書に『いそのなかまたち』(ポプラ社)、『沖縄美ら海水族館100』(講談社)など。

https://www.asukacruise.co.jp/introduction/gallery/port-collection/

伝えたい感動がある。

ASUKA CRUISE

ロイヤルスイートの嘘

飛鳥で
つながる
時・人・人生

人は人を喜ばすことで、より幸せを感じると言います。ある時こんなサプライズがありました。乗船中にお誕生日を迎えるお母様を「思い出に残る何かで喜ばせたい」。そんなお嬢様が考えつかれたのは、クルーズの残り一泊は「船側の都合で部屋を変わらなければいけない」と嘘をつくこと。直前に告げられ、いやいや承諾されたお母様が向かった先は、ロイヤルスイート。ドアを開けると、そこには親戚一同が待ち構えておられ、盛大なお祝いのセレモニーで迎えられたのです。先ほどまで不機嫌だったお母様は、満面の笑顔に。もちろん、事前に飛鳥Ⅱのスタッフと"仕掛け人"との間で入念な打ち合わせがなされた上でのことでした。お客様と私たちスタッフが喜びを分かち合える瞬間。次はあなたと「飛鳥Ⅱのたからもの」を。

飛鳥Ⅱ
ASUKA Ⅱ

飛鳥クルーズ　検索
https://www.asukacruise.co.jp

郵船クルーズ株式会社

郵船クルーズ（株）は飛鳥Ⅱを
保有・運航している会社です。

〒220-8147 横浜市西区みなとみらい
2-2-1 横浜ランドマークタワー
TEL 045-640-5301
（9:30〜17:00／土・日・祝休み）

CRUISE Traveller

Contents

Cover
現代の箱舟とも称される
マリナベイサンズ屋上の
空中ヨガイベント。
幻想と現実が融合する
シンガポールならではの風景。

©Marina Bay Sands
design by Kenji Inukai

富士の歌

富士山はどこから見る姿が最も美しいのだろうか。そう考えるだけで日本人としての好奇心がくすぐられる。富士の北麓に点在する5つの湖からか、あるいは桜や紅葉越しに四季を感じるというのも捨てがたい。三者三様の意見はありそうだが、船から見る富士山もその景勝のひとつに数えていただきたい。

この日、にっぽん丸は夜明け前の駿河湾を航行していた。デッキに出てみると、目の前には荘厳と海にそびえる富士山の姿があった。その気高い嶺は暁の空を映して桜色のヴェールをまとっている。それはまるで万葉集から出てきたような幽玄な世界だった。果たして今もあの嶺には雪が降り続いているのだろうか。

Vol.18

にっぽん丸
船 首 千 景 物 語

photo & text by
Kazashito Nakamura

中村風詩人（なかむら・かざしと）｜ 1983年生まれ、海をライフワークとする写真家。世界一周
クルーズをはじめ、南太平洋一周、アジア一周など長期乗船も多い。船上では写真講演や寄
港地でのフォトツアーなども行う。代表作は、7つの海を水平線でひとつにした写真集『ONE
OCEAN』（クルーズトラベラーカンパニー発行）、近著に『小笠原のすべて』（JTBパブリッシング発行）。

好奇心を鞄に
コスタの船旅
第4回

text by Nami Shimazu
photo by Takahiro Motonami

美しい自然に
彩られた聖地で
リトリート体験

沖縄県 那覇

上：久高島にあるカベール岬の海は透明度が高く、
時折魚やカメの泳ぐ姿も見られるほど。
周囲の植物群落は沖縄県の天然記念物になっている。
中：沖縄の古い集落らしく久高島には
石垣が多く見られる。
猫に遭遇したり、通りを散策したりするのも楽しいひととき。
島の猫はまぶしい光の中でのんびり幸せそうだ。
下：久高島の集落で、広い縁側のある
沖縄らしい民家を発見。
久高島独特の方言で話す、おばあたちの
楽しそうなおしゃべりが聞こえてきた。

Costa Cruiseは
Curiosity、
好奇心あふれ、
情熱を持ち
人生を謳歌する
人々を応援します。

コスタクルーズが2020年春・秋に就航する那覇から、"琉球はじまりの地"を巡った。本島南部の南城市で、心と体を癒やす旅を提案するイーストホームタウン沖縄の琉球セラピスト・相澤和人さんのガイドで「聖地巡りリトリート」を体験。コスタのフィットネスインストラクター、フアン・リュウさんが、那覇から車で30分ほどの百名ビーチにある「ヤハラヅカサ」へ。琉球の始祖アマミキヨが第一歩を記したとされる神聖な場所だ。自分の呼吸に集中し、精神を安定させるマインドフルネスの後、相澤さんは「あなたの両親はなぜその名前をつけたのですか」などと質問し、参加者の原点回帰にアプローチ。自分と向き合い、沖縄の持つ"パワー"に元気をもらう旅である。

同じ南城市には、本島からフェリーで約20分で行ける「神の島」と呼ばれる久高島がある。琉球始祖が降り立ち国造りを始めた場所と伝えられ、五穀豊穣にまつわる祭祀が今に伝わっている。案内してくれた久高区長の西銘忠さんは漁師でもある。「久高島の方言は独特で、外国人の研究対象になったことも。船の無線で話していたら暗号で話さないで、って言われたんですよ」。琉球神話聖地の島には、青い澄んだ海が広がっていた。

Traveller of the issue
Fitness Instructor

Name:Huan Liu

中国、徐州市出身。趣味はサッカー。
ロンドンにある客船のスパなどを運営するブランド
スタイナーで研修を受け、コスタクルーズの
ヨガやフィットネスのインストラクターとして勤務。
同社のフィットネススタジオには、
イタリア・テクノジム社の
最先端のテクノロジーとデザインを備えたマシンが
何種類もそろっていて、船内でトレーニングができる。
「世界中を見られる今の仕事が好きです。
日本も大好きなので、那覇で食べた
沖縄料理もとても気に入りました」

コスタクルーズの新しい発着地、那覇。
フィットネスインストラクターが
琉球の創世神アマミキヨが降り立った聖地、南城、
そして、神の島といわれる久高島へ。
沖縄の絶景、聖地に触れて
心を癒やす「リトリート」の旅。

neo
コスタ ネオロマンチカ
COSTA ROMANTICA

あなただけのイタリアが、出航します。

www.costajapan.com

my first cruise.

はじめてのクルーズを、最高のクルーズに。

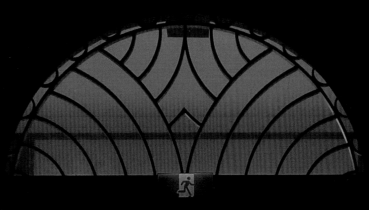

いつ訪れても、この国は姿を変えている。もちろん、他の都市も新たなビルが建設されたり、新道路が開通したりしている。でも、この国は変化のスピードが速いのではないだろうか。そう感じたとき、なぜ、それほどまで前へ進むのか?と疑問が浮かんだ。今回の取材では、さまざまな人に話を聞いた。情熱を秘めていた人々に──。

歴史的建造物のナショナルギャラリー（→P.24）から見た、近未来的な高層建築物。

新しい考えはおおかた新しい感動のせいなのだ。
それは思慮によってではなくて、
情熱によって得られるものなのだ。
William Somerset Maugham
ウィリアム・サマセット・モーム

Singapore, 100 passions.

文・写真=丹治たく
text & photo by Taku Tanji

シンガポール、100の情熱。

疾走する街に満ちた、人々の熱き想いを探して。

この国が、アジアクルーズにおけるハブとなって久しい。
その理由を探りに幾多にわたって訪れてきたのだが、今回の取材を通じて一つの結論が出た。
人々の「情熱」がさらに多くの人やモノを引き寄せているのだ。

雨季のとある早朝、ようやく東の空に朝日が顔をのぞかせた。朝露にぬれた芝生が朝日に照らされ、輝きを放っていた。

002

人工物と緑が共存する
「ガーデンシティ」。
その象徴が
中心部のパダンだ。

の国を訪れた者であれば、端正な街並みに目を奪われたのではないだろうか。都市は美しく整備され、人々の公衆マナーへの意識も高く、ごみが散乱していることもない。ひときわ目を引くのは、実に緑が多いことだ。それでも、落ち葉が歩道を覆うこともない。19世紀にイギリスで提唱された計画都市の概念である、「庭園のような環境が整えられた都市」を意味するガーデンシティと呼ばれる所以だ。

この写真は、1852年創設のクリケットクラブに併設する「パダン」と呼ばれる広場だ。その場所といえば、街中心部に林立する超高層ビルの足元というロケーション。埋立地を広げ、近代化を進めた人々は、中心部に緑を残すことを忘れなかった。

003

"情熱"の源を探って行きついた「Wellness」というライフスタイルとは？

人々が抱く数々の「情熱」を紹介する前に、まずこちらをお伝えしておきたい。前に進もうとする原動力を生み出すために、人々が行っている「Wellness」だ。世界保健機関（WHO）が提唱した、「心身ともに健康であり、社会的にも健康で安心な状態」という生き方である。

写真は、あるホテル（→P.63）でゲスト向けに行われているヒーリング体験の様子だ。チベットのラマ教に起源をもつシンギングボウルと呼ばれる金属製のお椀を使い、波動を起こして心身を浄化するのだという。講師のスー氏はヨガを通じてこのボウルと出会い、独自のセラピーを現地の人や観光客に施している。

一方、中国系シンガポール人の間では、少しでも体の不具合があると漢方薬局で独自のお茶を飲むのが習慣だ。例えば仕事で目が疲れていれば、菊花が入ったお茶を1杯飲んで、会社へ向かうといった具合に。緑が多い歩行者専用道では朝、多くのランナーを目にする。

もちろん、気を使うのは体だけではない。できるだけストレスフリーな生活が送れるよう、日本ほどに残業することはない。18時頃には高層のオフィスビルから明かりが消え、週末のビジネス街で人影を見ることはほとんどなくなる。

1

2

シックスセンスズダクストンシンガポールで毎週木・日曜の朝に行われている、屋外でのヨガとセットとなったヒーリング体験。

1_木魚を叩く撞木のような棒で周囲を回しなで、倍音と呼ばれる独特の音を奏でながら、体の隅々に波動を当てるシンギングボウル。
2_漢方薬局の店頭には、効能の異なるお茶が並んでいる。

グルメシーンに革新を起こす1年おきに料理のテーマを変える気鋭のダイニング。

こ のレストランのコンセプトは、「1年ごとに料理のテーマを変える」だという。取材した2019年12月は「モノクロ」だ。料理も器も、ほぼ白もしくは黒で統一されている。オーナーシェフのフレナンド氏は、なぜそのようなスタイルを選んだのか?

「人々は、たくさんのさまざまな美味しい料理を食べている。でも、その味をしっかりと覚えているだろうか。多くの人の答えは、ノーだろう。どうしたら、私の料理を記憶にとどめておいてもらえるのだろうか──。そう追及してたどり着いたのが、人間は新しいストーリーは忘れないということだ。そこで、毎年のようにストーリー性のある異なるテーマをしっかりと伝えられれば、記憶に残る料理となるのではないか、と」。

こう着想したきっかけには、シンガポールという御国事情もあるようだ。出身のコロンビアからアメリカへ渡り、ニューヨークでフレンチの技法を学んだ後、世界を転々としてシンガポールへ。数軒で料理人を務めた後、2018年11月に独立を果たしたフレナンド氏。常に変化し続ける街の姿から、コンセプトのインスピレーションが浮かんだという。

「次のテーマは、time─時間にしようと考えている。例えば、こんなふうなアイデアだ。前菜は、フレッシュな素材を使った料理を提供。つまり、今という概念を盛り込んだ料理となる。2品目は、2週間ほど熟成させた何か。3品目は、3カ月ほど寝かせた素材を使って。次は、2年ほどの何か──」。

単品だけを見ても、シェフの技が光る品々である。しかし、それらの品をつなぐ1本のテーマを知ったとき、なぜこの素材なのか、なぜこの料理法なのかが、明確に認識できることだろう。常に前進するシンガポールに暮らしていると、どうしても時間への意識が高まっていく。そんな人々がtime─時間をテーマにした料理を口にしたとき、シェフの心憎い演出に笑みが浮かぶことだろう。

information

Preludio
プレリュード

モノクロのメニュー（下）とコース
料理の品々。コンテンポラリーア
ートを思わせる、盛り付けの匠さ
も目を引く。2020年2月3日から第
2章となるテーマ「time―時間」に
変わった。

CHAPTER 1
MONOCHROME
Dinner, 13th December 2019

DEADLIEST CATCH
Alaskan King Crab / Red Bell Pepper / White Corn /
Lime Vinegar Caviar

MAKE IT POP!
Foie Gras / Passion Fruit / Coffee Kombucha /
Rachelle the Rabbit Mead / Smoked Olive Oil

NANTUCKET SOUND
Nantucket Scallop / Black Garlic Paste / Salted Corn
Cream

LA CORTINA
Butternut Squash & Amaretto Agnolotti / Parmesan
Sauce / Almond Snow / Il Borgo Traditional Balsamic
Vinegar, aged 25 years

SMOKE & SAKANA
Halibut / Smoked Cauliflower / Muscat Grapes / Pork
Crackling

PATA NEGRA
Iberico Pork Presa / White Carrot & Apple Purée /
Mizuna

STRAWBERRY MILKSHAKE
Strawberry / Vanilla / White Chocolate / Milk Ice
Cream

ALBA
Cherry / Stout / Plum / Hazelnut Ice Cream / Black
Summer Truffle

Place this screen on the image and slide across
s.l.o.w.l.y to watch the picture **come to life**...

BBRを代表する品々。素材の持ち味を生かした魚介料理を得意としている。さらに、高純度のチョコレートを使った、表面にマーライオンがあしらわれたデザートもおすすめである。

005

新たな挑戦地として
この国を選んだ
セレブシェフによる
地中海料理店。

information

BBR by Alain Ducasse
ビービーアールバイアランデュカス

https://www.bbr-byalainducasse.com.sg/

のレストランを手掛けるのは、1990年に史上最年少でミシュランの3つ星を獲得し、さらには異なる国で3つ星を世界で初めて獲得した、フランス出身の名シェフ、アラン・デュカス氏だ。東南アジアで初めて展開する場として選んだのが、ここシンガポール。なかでも、伝統と格式ある老舗ホテル「ラッフルズホテル」の中である。

デュカス氏といえば、格調の高いフレンチが印象的だ。しかし、このダイニングのコンセプトは、「シェア&グリルの地中海料理」。明るく開放的なオープンキッチンの店内は、これまでのスタイルとは一変。地中海沿岸のリゾートにあるダイニング&バーを思わせる。名シェフの新たなる挑戦といえよう。

「地中海沿岸のレストランは、気取らない雰囲気が魅力のところが多い。このレストランもカジュアルさがコンセプト。ランチタイムは、男性のみとなるが、ショートパンツで入店することもできるほどだ。デュカス氏が幼少期に地中海料理に魅了されたことが、このスタイルを選んだ背景になっているようだ。料理は、シンガポールの人々がWellnessへの意識が高いことから、バターを使わないなど、ヘルシーさを心掛けている」。

こう語ったのは、30歳の若さでデュカス氏の新たな挑戦を任されたフランス出身のスーシェフ、ルイ氏だ。18歳から24歳までデュカス氏の元で修業を積み、その後、上海やカナダなどで同氏が展開するレストランで腕を振るってきた実力派。2019年2月にシンガポールに赴任したばかりだという。

「料理のコンセプトがあるとはいえ、それぞれの国の味覚や素材によってアレンジを変

えるのがデュカススタイル。ここは地中海料理となるが、ポルトガルやスペイン、イタリアの要素にフレンチのエッセンスを盛り込んだ独自の品々を作り上げている」。

確かに、コリアンダーなどの東南アジアらしい香草をわずかに効かせるなど、洋の東西を見事に融合させているのが特徴だ。とはいえ、ブイヤベース風魚介鍋のスープの濃厚さは、確かなフレンチの技法を見ることができる。海をイメージしたという、ブルーの器も多用している。厚手で素朴な味わいながら、スタイリッシュなシンプルさも兼ね備えたこの器は、私たち日本人にはどことなく和の趣を感じさせることだろう。世界の料理シーンを知るデュカス氏のことだ、これまで世界各地で経験してきたさまざまな要素を取り入れているのだろう。

「シンガポールに来てまだ1年ほどだが、各国の文化が融合した国であることを実感している。なかでも、この国ならではの料理を食べて、新たな発見をするのが実に楽しい。休日はさまざまなご当地料理を食べ歩いているが、今のお気に入りは、リトルインディア地区のカレーだ。こう食べ歩いてみると、食のレベルが高いことに気づき、我々も負けられないと気概を痛感している」。

各民族由来の料理に加えて、高級フレンチやアメリカのハイエンドステーキハウスなど、世界各国の名店も出店しているシンガポール。東京と変わらないようなにぎりが楽しめる寿司処さえ、数軒では収まらないほどだ。そんな美食の国・シンガポールでは、デュカス氏でさえ新たな挑戦が求められたのだろうか──。

夕闇に包まれ始めたボードウォー
ク。週末なら、クルーズを楽しん
だ人々の船が次々と帰港する光景
を見ることができる。

ヨットを愛する人々と
至福の時間を過ごす
セントーサコーブ
ハイエンド地区。

　　ントーサ島の東端に位置するこの地
　セ　区は、周囲に高級住宅街が広がり、
シンガポールの中でも際立ってハイエンドな
雰囲気が漂うエリア。目の前にヨットハーバ
ーが広がる絶好のロケーションのウォーター
フロントに、20を超えるレストランやカフェ、
バーなどが並んでいる。足を運ぶ観光客は
少ないが、読者諸氏にはおすすめの場所だ。

ここでは、レストランを利用しなくてもいい。
マリーナを囲むように整備されたボードウォ
ークを歩いて、大型のクルーザーやヨットと
周囲の整備された街並みを眺めるだけでも、
海や船を愛する者にとっては心和むひと時
を過ごすことができる。なかでも、夕方がい
い。一帯を闇夜が包む頃になると、家々から
人々が集まり賑わいを見せ始める。

information

Quayside Isle
キーサイドアイル

https://www.quaysideisle.com/

マウントフェーバーの北側に広がる住宅地に立つ。なお、観光スポットではないので、訪れた際は道から外観のみを見学するように。

007

ウン億円もする
スーパーカーを
販売する
自動販売機を発見!?

information
Autobahn Motors
オートバーンモーターズ

ガラス窓越しに見えるのは、フェラーリやベンツ、ポルシェ、ベントレーといった、高級外車ばかりだ。これは、ミニカーの陳列ボックスではない。15階建てのビル1棟に60台ほどが格納されたショールーム。インターネットで話題となり、観光バスが横付けされることも多いというほどに話題だ。

その購入方法もユニークだ。希望者は現地を訪れ、タッチパネルで購入手続きを行うと、1、2分で車が下りてくるという。そう、巨大な、そして高級な商品を購入する自動販売機のようなシステムである。

「10人に1人はミリオネア」といわれ、高級志向が強い国民性とはいえ、シンガポールのハイエンドがこのレベルにまで達しているのには驚かされる。

008

奇想天外な発想で世界を驚かせるのがシンガポール流。
空港に隣接して誕生した話題の新スポット。

その名は「ジュエル」。2019年4月、チャンギ国際空港の隣に出現した巨大な商業施設だ。空港ターミナルとは直結しているため、フライトの待ち時間や到着後の楽しみがさらに広がったことになる。多彩なショップやレストランなどが280店以上も集まっているなか、プラナカン料理の名店（→P.35）も出店している。

シンボルとなっているのが、高さ40mを誇る人工の滝。屋内にある人工滝としては、世界最大規模だ。1カ所を目指して曲線を描く天上から膨大な水が流れ落ち、その下部では透明な筒の中を水が滑り落ちる。昼間は陽光に輝く姿が美しく、夜は光と音のショーが繰り広げられる。

滝を囲むように、木々が植えられていて、まるで屋内の熱帯植物園のような空間も特徴だ。木々の間には椅子があり、多くの見物客が驚きの光景を写真に納めている。最上フロアに上れば、左の写真のように、空港ターミナル間を結ぶスカイトレインが滝の真横を通過。目を疑いたくなるシーンの連続だ。

この「ジュエル」を設計したのは、マリーナベイサンズ（→P.22）をはじめ、奇想天外なデザインが世界的に知られるモシェ・サフディ氏。高層ビルの屋上に宇宙船が乗っているようだと話題を集めたサンズは、今やシンガポールのランドマークのひとつだ。今回の「ジュエル」もまた、屋内の滝と森という他に類を見ない空間が、世界各地で注目を集める存在となっている。

こうした奇抜なデザインの建造物は、シンガポールが得意とする分野と言っても過言ではないだろう。巨大な人工ツリーが林立するガーデンズバイザベイ（→P.47）が完成した際も、シンガポールの埋め立て地に未来都市が出現したというニュースが世界を駆け巡った。なぜ、このような建造物がシンガポールで生まれるのだろうか。

おそらく、人目を引くデザインとすることで話題をさらい、厳しい市場競争に勝ち抜く目的もあるだろう。確かに、いずれの施設も盛況を博しているようだ。でも、採算性を考えれば、別の理由も考えたくなる。「ジュエル」の建設に要した金額は約17億シンガポールドル、日本円で約1400億円と同規模の施設としてはかなり高額だ。

20年ほど前にシンガポールを訪れた際に見た街並みと現在の姿を比べたとき、その理由が分かった気がした。マリーナ地区に林立するユニークなデザインの高層ビルは、かつては数えるほどだった。しかし、1990年代に入り、徐々に街が一変。この時代から、シンガポールの人々は都市の未来像を模索し始めたのではないだろうか。一部の人々や機関が目的をもって、計画的にデザインしているわけではないだろう。自ずとそんな思いが人々の間に根付くのかもしれない。

この考え方のキーワードが「シンガポールらしさ」だ。政府も「この国らしさ」を高めるさまざまな政策を執っているという。「この国らしく、将来に残る建造物」を模索した結果が、未来的な姿だったようだ。

スカイトレインの真横を流れ落ちる人工の滝。滝がある区間だけトンネルから出るのは、車内から滝を間近に見るための演出だ。

1_円筒状のアクリルケースの中を水が伝って落ちる光景が見られる地下2階。内部を流れるため、ぬれることはない。 2_高級ブランドや土産物店などが地上5階、地下5階に集まる。

1

2

information

Jewel
ジュエル

https://www.jewelchangiairport.com/

009

シンガポールの今の
街並みを俯瞰できる
展望スポット。

マリーナベイサンズの屋上は、料金を払えば、誰でも入場できるのをご存じだろうか。ここは、高さ200mから360度のパノラマを望むシンガポール随一の展望スポット。刻々と変化する街並みを目に焼き付けておくためにも、この国を旅するたびに立ち寄るのがいい。取材の際は、日の入り間際に訪れたのだが、世界中の観光客でフロアを埋め尽くすほどの人気ぶりだった。

確かに、おすすめの時間帯は夕刻だ。高層ビル群の背後に日が傾き、ビルの間から差し込んだ日差しが陰となった水面に光の筋となって現れる、幻想的なシーンを見ることができる。同じフロアにあるレストラン＆バーからも、同様の眺めが楽しめる。

西側を向けば、高層ビルが並ぶ中心地を望む。インフィニティプールも同じサイドにある。南東は海側となり、沖合に無数の貨物船が停泊する、開運王国としての顔をのぞかせる。

information

Sands Skypark Observation Deck
サンズスカイパークオブザベーションデッキ

https://https://jp.marinabaysands.com/
attractions/sands-skypark.html

010

運河クルーズも
できてしまう
ショッピングゾーン。

マリーナベイサンズの下部エリアは、自由に出入りできるショッピングゾーン。世界的なハイブランドから最新ファッション、土産物店、レストランなど、300を超える店が集まっている。その敷地面積は、東京ドーム約1.6個分とか。1日では全てを見て回れないほどの巨大施設となっている。

大きさとともに目を引くのが、室内空間に造られた運河を行き交う手漕ぎボートだ。香港や中国で活躍していたサンパン船を再現したもので、イタリアのヴェネチアのゴンドラを思わせるアトラクションとして人気だ。そのほかマリーナベイサンズでは、スケートリンクやシアター、さらにはカジノなどが宿泊しなくても利用できる。

小舟が行き交う運河にかかる橋が、カフェスペースになっているという不思議な空間が広がる。左下は、屋外にあるルイ・ヴィトン。ユニークなデザインの建物としても話題だ。

information

The Shoppes at Marina Bay Sands
ザショップスアットマリーナベイサンズ

https://jp.marinabaysands.com/shopping.html

©Marina Bay Sands

体験料は宿泊者35、ビジターは45シンガポールドル。水・金曜と雨天時を除く毎日実施されている。所要時間は1時間ほど。

ネス施設「バンヤンツリー フィットネスクラブ」。料金には水が含まれるほか、タオルとヨガマットが無料でレンタルできる。なお、事前予約が必要となるが、定員30名と限られているので早めに申し込みを。

世界各地に愛好家が広まるヨガだが、朝焼けに染まる空と街並みを前に見ながら、これほどまでに開放的な空間で体験できるのは希少だろう。エクササイズとして行われるヨガは、心身ともに整えることが重要となる。地上200mの屋外という環境は、未知なる感覚を呼び起こしてくれるかもしれない。

information

Sunrise Yoga at Sands Skypark Observation Deck
サンライズヨガアットサンズスカイパークオブザベーションデッキ

https://jp.marinabaysands.com/hotel/amenities/banyan-tree-fitness-club.html

011

世界無二の体験!?地上200mで楽しむ朝ヨガ。

マリーナベイサンズ屋上のスカイパーク展望台では、気温が高くなる前の7時から、朝ヨガプログラムを実施。宿泊者以外も参加できるうえに、初心者でも体験しやすいメニューが組まれているとあって、人気のプログラムとなっている。実施しているのは、ホテルタワー2の55階にあるフィット

オーストラリアに拠点を置くデザインエージェンシーが制作した、芸術性の高いショー。

舞い踊り、色鮮やかなビジュアルアートや多彩な照明効果が駆使された本格的なプログラム。シンガポールの変遷と未来を描いた4部構成で、1回15分ほど。日曜から木曜は20時、21時の1日2回、金・土曜は22時が加わり1日3回開催される。

ホテル前の湾内で行われるため、水辺に続く歩道プロムナード各所から鑑賞できるが、イベントプラザ前はかなり混雑する。おすすめは「ルイ・ヴィトン」とイベントプラザの間の区間。高層ビル群が背景に広がり、ショーと美しい夜景をセットに眺められる。

information

Spectra
スペクトラ

https://jp.marinabaysands.com/attractions/spectra.html

012

光と水が織り成す屋外ショーで神秘の世界へ。

マリーナベイサンズは、なぜこんなにも人々を楽しませてくれるのか——。そう感じさせるのが、夜間の屋外ショー「SPECTRA—光と水のシンフォニー」だ。ショップ棟前のイベントプラザで繰り広げられるこのショーは、見学無料というから驚く。オーケストラの音楽に合わせて噴水が

Tourist attractions

コンパクトなエリアに見どころが点在し、
効率的に巡れるのもこの国の魅力。

013

Merlion Park
マーライオン公園

シンガポールのシンボル的な像が立つ。
https://www.visitsingapore.com/ja_jp/
see-do-singapore/recreation-leisure/
viewpoints/merlion-park/

014

National Museum of Singapore
シンガポール国立博物館

ステンドグラスが施されたドームが目を引く
歴史的な建物。日本語ガイドツアーもある。
https://www.nationalmuseum.sg/

015

The Arts House
ザアートハウス

かつての国会議事堂を利用した施設。市民
の文化活動の拠点になっている。
https://www.theartshouse.sg/

016

Asian Civilisations Museum
アジア文明博物館

シンガポールとアジアの工芸品など、1600点
以上を展示している。
https://www.acm.org.sg/

017

Cavenagh Bridge
カヴェナ橋

1868年に建設された当時の姿をとどめる吊
り橋。歩行者専用になっていて、アジア文明
博物館とフラトンホテルを結んでいる。

018

Singapore Flyer
シンガポールフライヤー

最高点が165mと世界有数の高さを誇る観
覧車。2020年2月現在、運休中。
https://www.singaporeflyer.com/

019

National Gallery Singapore
ナショナルギャラリーシンガポール

コロニアル建築であるかつてのシティホール
と旧最高裁判所が一つとなり、シンガポール
最大の美術館となっている。東南アジア全域
のモダンアートが数多く展示されているほか、
セミナーやワークショップも開催。多彩なレス
トランも入っている。
https://www.nationalgallery.sg/

020

Singapore Zoo
シンガポール動物園

檻や柵のない自然に近い環境が魅力。
https://www.wrs.com.sg/en/singapore-
zoo.html

021

River Safari
リバーサファリ

川の生き物がテーマ。パンダも飼育する。
https://www.wrs.com.sg/en/river-safari.
html

022

Night Safari
ナイトサファリ

活動が活発になる夜、動物を間近に観賞。
https://www.wrs.com.sg/en/night-safari.
html

023

Jurong Bird Park
ジュロンバードパーク

世界から集めた400種の鳥を観賞できる。
https://www.wrs.com.sg/en/jurong-bird-
park.html

024

S.E.A. Aquariumu
シーアクアリウム

セントーサ島にある、世界最大級の水族館。
https://www.rwsentosa.com/en/
attractions/sea-aquarium

025

Faber Peak Singapore
フェーバーピークシンガポール

セントーサ島と本島を結ぶケーブルカー。車
内で食事ができるプログラムも人気。
https://www.onefabergroup.com/

026

Universal Studios Singapore
ユニバーサルスタジオシンガポール

湖を囲んで7つのゾーンがあるテーマパーク。
https://www.rwsentosa.com/en/attractions/
universal-studios-singapore/explore

027

Resorts Worlds Sentosa
リゾートワールドセントーサ

シーアクアリウムやユニバーサルスタジオが
あるほか、水のテーマパークやカジノも。
http://www.resortsworldsentosa.jp/

028

Christmas illumination
クリスマスイルミネーション

各所が電飾で彩られる中、オーチャード通り
では毎年、華やかなイルミネーションを見る
ことができる。

029

Wings of Time
ウィングスオブタイム

ビーチでのプロジェクションマッピングショー。
https://www.onefabergroup.com/wings-
of-time/

030

National Day
ナショナルデー(独立記念日)

独立を記念して毎年8月9日に開催。盛大な
航空・軍事パレードや花火ショー、歌や踊り
のパフォーマンスなどが披露される。

031

Chinese New Year
チャイニーズニューイヤー

中国の春節の時期は、チャイナタウンでさま
ざまなイベントが開催され、市街も多彩なイ
ルミネーションで彩られる。

2019年グランプリの様子。夜間
レースとなり、市街の夜景とともに
美しい光景が広がる。

0:32

夜の街中を疾走するF1は、2021年までの限定！

information

Formula 1
Singapore Grand Prix
フォーミュラーワン
シンガポールグランプリ

https://www.singaporegp.sg/en

マリーナベイエリア地区で毎年、熱戦が繰り広げられるF1シンガポールグランプリ。市街地コースとあって、スリリングなシーンが連続すると高い人気を誇っている。ただ、開催されるのが正式に決まっているのは2021年まで。生で見るなら、今年、来年のあと2回がラストチャンスだ。

現地で観戦するなら、開催期間中の主要ホテルはほぼ満室の状態となるため、チケットとともにホテルの予約を早めに心がけよう。パンパシフィックやマンダリンオリエンタル、リッツカールトンなど、特にコース沿いにあるホテルは、1年前から予約が埋まるほどだ。2020年の開催は9月18〜20日の予定。

シンボリックな
ホテルが目指す
新たな姿とは？

シンガポール、いや、
アジアを代表する歴史的ホテル、
ラッフルズホテルが2019年8月、
約2年間にも及ぶ改装を終え、
リニューアルオープン。
右の写真は新装されたロビーだ。

information

Raffles Hotel
ラッフルズホテル

https://www.raffles.jp/singapore/

新設されたスイートには、レターセットなどが入る皮張りのケースが置かれている。

A new story
of status begins.

ステータスの新たなる物語が始まる。

その国を代表するホテルとなると、大きな変化を恐れるのが通説のような気がする。
しかし、ラッフルズホテルは違った。全室バトラー付きのスイートタイプに、機能性を高めた新タイプを新設。
バーやレストラン、ショッピングエリアまで現代の旅人にマッチする仕様に変えた。

1

5

「東洋の真珠」が目指したのは、これからの100年か──。

新たに造られたスイートルームを、じっくりと時間をかけて撮影した。
写真を見る限りでは、歴史あるコロニアルホテルの雰囲気は、
改装前と変わらないような感想を抱くかもしれない。
もちろん、"ラッフルズらしさ"は残されている。でも、明らかに違った。

1〜5はすべて、新設されたレジデンススイート。1_バトラーなどが出入りするドアの前にある空間。まるで邸宅の玄関のよう。2_広々としたリビングは、オフホワイトの落ち着いた色調で統一。クラシカルな雰囲気のようだが、コンテンポラリーなシャンデリアなど、各所に現代的なセンスを織り交ぜている。3_バスタブを備えたバスルーム。4_リビングにはフルーツや菓子などが用意されている。専属のバトラーがサービスするスタイルはかつてと変わらない。5_客室名にもなっているラッフルズを創業したサーキーズ兄弟の写真。

2

3

4

取材を終えてその雄姿を振り返ったとき、これまでよりも外壁の白さが際立って見えた。古くから「東洋の真珠」と呼ばれてきた、シンガポールを代表する高級ホテルであるラッフルズホテル。もちろん、外壁を塗り直したためだろう。でも、それだけではない。館内各所を巡り、生まれ変わった場所を見て回ったためだった。

最初にこのホテルの歩みを簡単に振り返っておこう。開業したのは1887年、アルメニア人のサーキーズ兄弟によって、わずか10室のバンガローとしてだった。その後、現在の場所にコロニアル様式の建物が1899年に完成。戦時などを潜り抜け、シンガポール随一の歴史と格式を誇るホテルの座を維持し続けている。小説家サマセット・モーム、映画俳優・監督チャールズ・チャップリン、映画俳優ジョン・ウェイン――。かつて投宿した著名人は枚挙にいとまがない。「長年、使い込まれていましたので、傷んでいる場所もありました。こうした場所の改修を行うこととレストランやバーの見直し、そして客室の機能性を高めることが今回のリニューアルの目的です」。

ホテルの広報担当者はこう語ってくれた。レストランは3軒（→P.16・38・52）が新たに登場し、シンガポールスリング発祥として知られるロングバー（→P.51）も新装。しかし、ここで特筆すべきは、改設された3種類のスイートルームだ。

新たなカテゴリーとして加わったのは、レジデンススイート、プロムナードスイート、スタジオスイート。その1タイプであるレジデンススイートを見ることができた。その名の通り、「自宅のようにくつろげる」をコンセプトにしたタイプであり、リビングとダイニングエリア、パントリー、オフィススペースなどを備えている。電源を多用する私たちのライフスタイルに合わせて、オフィスデスク周りの電源も充実。現代の生活に沿った機能性は十分だ。ベッドルームは1室か2室を選べるのも特徴である。

かつての客室を知る身としては、シャンデリアやカーテン、飾られている調度品が現代的なセンスであることに目が引かれた。なかでも特徴的だったのは、リビングの床から天井へ向けられた照明だ。内装を手掛けたデザイナーの隠れた演出なのだろう。ライトの上に屏風のような波打つ衝立が置かれていて、天上にかぎ型の明かりの模様が出現している。

各客室に付けられた名前もまた、ユニークである。1900年代初頭から中頃までに人気のあった映画館の名前なのだが、ホテル周辺が映画の地として名をはせていた時代へのオマージュだという。こうした遊び心は、ラッフルズが新ステージを迎えたことを感じさせてくれた。とはいえ、定評のあるバトラーサービス、ターバン姿のスタッフによるエントランスのお出迎えなど、古きよきラッフルズ流のもてなしは継続されている。

6

7

8

6_宿泊者のみが利用できる屋外プール。23時まで営業していて、ライトアップされた夜も幻想的でいい。7_客室前がアーケードになった造りは、往時から変わらない。8_ドアマンもターバンを巻き正装をした伝統のスタイル。ただ、代替わりをして新スタッフも加入している。

034

バージョンアップした
公式グッズを販売するショップ。

かつて「ラッフルズギフトショップ」という名称だったオリジナルグッズを販売するショップも、名前を変えて全面的に改装された。人気のあったカヤジャムやドアマンの人形、色鮮やかなパッケージの紅茶、シンガポールスリングを自宅で再現するためのシンガポールスリング Premixなどは健在。一方で、ドリンクとホテルメイドのペストリーが買えるコーナーが新設された。

1

2

3

5

6

4

1_ゆったりとした商品の配置となり、より選びやすくなった店内。2・3_数種類の味があるカヤジャム。麻袋に入ったレトロなパッケージが特徴。4_ホテルのシンボル的な存在であるドアマンをかわいらしくデフォルメした人形。5・6_手軽なお配り土産に最適なマグネット。ドアマンやシンガポールスリングなど絵柄が選べる。

information

Raffles Boutique
ラッフルズブティック

https://www.rafflesarcade.com.sg/
raffles-boutique

この国最古にして
建造当時の姿を留める
端正な美しさの教会。

12人のアルメニア人によって1835年、
創建されたシンガポール最古の教会。
尖塔をもつ白亜の美しい姿が特徴で、
敷地内にはお墓や石碑などがある。
アルメニア系教会は世界的に
見学できない場合が多いが、
ここは自由に敷地内を見学できる。

information
Armenian Church
アルメニアン教会

https://www.armeniansinasia.org/

Visit the "integrated culture" that has evolved over time.

時を刻み独自に発展した「融合文化」を訪ねて。

多民族が暮らすシンガポールは、「融合文化」を象徴する国といわれている。
宗教、食、ライフスタイルなど、その象徴的な地を訪ね歩くことは、この国を旅する大きな楽しみである。

か つて小さな漁村だったシンガポールの人口が増大したのは、1819年にイギリスの行政官トーマス・ラッフルズ卿が上陸してからだ。これを契機に東インド会社との交易が始まり、周辺各国などから人々が移住。それからおよそ200年。現在この地に暮らす人々は、中国系が7割ほどを占め、マレー系とインド系が続き、残りがその他の地域となっている。ただ、外国籍を有する人が全居住者のうち4割ほどを占めている。街を歩けば、ヨーロッパ系や日本人など、実に多種多彩な人種を目にするだろう。

外国人旅行者を多く目にするようになった日本でも、多民族がコミュニティを形成している社会はなじみが薄い。しかし、ここシンガポールでは、当たり前のことだ。例えば、アルメニア教会前には、イスラム教のモスクが向かい合って立っている。その隣に立つのは中国商工会議所といった具合にだ。

この教会が建造された19世紀初頭、商売に長けたアルメニア人が数多く暮らしていた。前述のとおり、ラッフルズホテルの創業者もアルメニア人だ。現代に至るシンガポールの礎を築いた人々である。

036

St. Andrew's Cathedral
セントアンドリュース大聖堂

高層ビル群に隠れるようにして立つ、英国国教会に属する大聖堂。純白の尖塔が目印で、堂内の正面にあるステンドグラスが美しいことで知られる。ラッフルズ卿がこの地に教会を建てることを決め、1856年から1863年にかけ建造された。
https://cathedral.org.sg/

037

Sultan Mosque
サルタンモスク

黄金色に輝くドームが目を引く、アラブストリート地区のシンボル的な存在。1824年にこの国初のサルタン（イスラムにおける君王）のために建設されたもの。ドームの土台は、貧しいイスラム教徒が寄付したガラス瓶の底で装飾されている。
sultanmosque.sg/contact-us/visitor-information

038

Thian Hock Keng Temple
ティアンホッケン寺院（天福宮）

かつて波打ち際だった場所に立つ、チャイナタウン発祥の中国系寺院。海の女神である媽祖が祀られていて、かつては船乗りたちが交易の安全をここで祈願し、出港したという。釘を1本も使わずに組まれた福建省の建築技法や装飾が必見だ。
http://thianhockkeng.com.sg/site/

039

Sri Mariamman Temple
スリマリアマン寺院

古くから多民族が調和しながら暮らしてきたことを物語る場所がこちら。チャイナタウンの中心地に立つヒンドゥー教寺院だ。極彩色に染まった南インドのドラヴィダ様式で建てられていて、見る者を圧倒する。信者以外でも内部を見学できる。
http://smt.org.sg/

040

Buddha Tooth Relic Temple
佛牙寺龍華院

仏教寺院と仏教に関するミュージアムが一緒になった複合施設。チャイナタウンのシンボル。
https://www.btrts.org.sg/

041

Masjid Abdul Gafoor Mosque
マスジッドアブドゥルガフールモスク

星と月の模様が各所に描かれたモスク。ムーア式と南インド式の様式を融合させて1910年に建造。
http://abdulgafoormosque.sg/

042

Kwan Im Thong Hood Cho Temple
観音堂

1884年に創建された、聖観音菩薩を祀る仏教寺院。いつ訪れても熱心にお参りする人で賑わう。

043

Sri Veeramakaliamman Temple
スリヴィラマカリアマン寺院

リトルインディア地区のシンボル的なヒンズー教寺院。女神カーリーを祀っている。
http://srivkt.org/

044

Fort Canning Park
フォートカニングパーク

ラッフルズ卿が住居を構えた後に砦となった場所。
https://www.nparks.gov.sg/gardens-parks-and-nature/parks-and-nature-reserves/fort-canning-park

今でも工房に立ち、熟練の技を披露するチャン氏。名前等の刻印を店頭で行ってくれることもある。

A craft workshop that inherits culture and connects it to the future.

文化を受け継ぎ、未来へつなぐクラフト工房。

職人技を脈々と受け継いでいくことも、かなりの苦労を要するのは想像に難くない。
しかし、技のレベルを維持しながら、ブランドを継承し未来へとつないでいくには、新たな発想が必要だ。
日本でも人気を博している高級紙&革アイテムを生み出す、オーナー夫妻に話を聞いた。

店舗の運営やプロモーションなどを手掛けるジェームズ氏とウィニー氏夫妻は3代目だ。このブランドのルーツとなる工房が創業したのは、シンガポールがマレーシアから独立する前となる1947年のこと。ウィニーの祖父がバインダーを製作する工房として始めたのだという。彼はその後、この国初の製本所を開くなどで成功を収めた。

その工房を夫妻が引き継いだのは、2014年のこだった。しかし、わずか数年前に新スタートを切ったにもかかわらず、日本の大手企業からカスタマーサービス用ノートブックという特注品の依頼があるなど、すでに国内外に知られる存在にまで成長している。

「確かな職人技があっても、その時代ごとに受け入れられる商品を開発しなければ、いずれその技は途絶えてしまうもの。そこで、最初に注力したのは、世界中の人々に受け入れられる商品のデザイン開発。もちろん、日本を含めて世界各国の逸品を見て研究を重ねました。でも、それだけでは足りない。そう考えるうちに、客のリクエストを聞いてカスタマイズする方式を思いついたのです」。

つまり、本店での流れはこうだ。看板商品である組み合わせ自由な「カスタマイズノートブック」を例に見てみよう。

この商品は、多彩な色や素材から、カバー

右がジェームズ氏、左がウィニー氏。明るく朗らかな二人の人柄も多くのリピーターが支持する理由。

革はイタリア、紙はオランダなど、世界中から厳選した素材を使うのも特徴。食べ物の残りかすから生まれた紙を使った商品もあり、エコな商品開発にも取り組んでいる。

information

Bynd Artisan
バインドアーティサン

https://www.byndartisan.com/

や中の用紙、留め金などが選べるようになっている。革のカバーであれば、名前やイニシャルなどを刻印してくれる。そう、無限大ともいえる組み合わせの中から、オンリーワンのノートブックが注文でき、客は高い満足度を得られる仕組みになっている。

しかし夫妻は、多くの客の傾向を見て、現在、好まれる色や素材を読み解くことも忘れない。新たな傾向が見えてくれば、その方向に沿った素材を開発していくのだ。加えて、カスタマイズする際は客と店員の会話が生まれ、好みの傾向を聞くことができる。クラフト工房で行われているのは、緻密なマーケティングと言えるだろう。

とはいえ、単に客のニーズに沿ったデザインにすればいいというわけではない。高品質を支える確かな技が必要だ。ここを担っているのが、マスターと呼ばれる職人チャン氏である。創業した祖父に師事し、紙や革の加工技術を習得した彼は、今でも現場に立ちつつ、若手の育成にも力を入れている。

美しさと使い勝手のいい機能性を兼ね備えたクラフト──。オーナー夫妻と職人という両輪があってこそ生まれたのだが、ジェームズ氏はこう話を加えた。

「変化し続けるこの国にいると、変えていくことの勇気がもらえるのです」。

プラナカン料理を
芸術にまで高めた
星付きダイニング。

2

3

1

プ ラナカン文化（→P.36）が花開いたこ
ともこの国の特徴のひとつである。
上の写真を見てお気づきだろう。ミシュラン
の星付きシェフ、マルコム氏が手掛けるプラ
ナカン料理は、実に美しい。どのような背景
で生まれたのだろうか。

自らもプラナカンである彼は、祖母が作る
プラナカン料理を食べて育ったという。彼
のDNAには、プラナカン料理の素地が組み
込まれているようだ。

「ショップハウス（→P.56）が大好きです。
壁や階段に施された、ちょっとした繊細な仕
上げ全てがね。プラナカン料理のあるべき
姿が実によくわかります」。

あるインタビューに彼がこう語ったのを読
んだ。伝統的なプラナカンらしさを追求し
た結果、芸術作品と呼べるほどに美しさを
兼ね備えた料理に行き着いたようだ。

1_プラナカン伝統の器にこだわらず、料理ごとに最
適な器を使った品々。2_店内も多文化を融合さ
せた高いデザイン性を感じさせる。3_松茸の土瓶
蒸しを思わせる新スタイル料理も提供。

information

Candlenut
キャンドルナッツ

https://comodempsey.sg/restaurant/candlenut

0+7

「ジュエル」で味わう
伝統を重んじた
プラナカン料理の数々。

2

3

4

1

方のこちらは、市内に3店舗を構えるプラナカン料理の有名店。複合施設ジュエル（→P.20）内にある店を訪れた。足を踏み入れた瞬間から艶やかな色彩に迎えられ、華やいだ気持ちにさせてくれる。「誇りをもってプラナカンの伝統を紹介する」がこの店のコンセプト。色彩豊かな店内の装飾はプラナカンデザインであり、供される料理も伝統的なスタイルに則った品が多

い。店頭で販売されている菓子も、広く文化を伝えることに役立っているだろう。

しかし、店オリジナルだという、汁のないラクサが用意されていた。ラクサは一般的に、ココナッツミルクを入れたスープ状の麺料理である。長年、この国に暮らす日本人コーディネーターも初めて見たという。伝統と革新のバランスを常に模索するシンガポールの姿が見えた気がした。

1_薄いパンのような生地にさまざまな具を乗せて食べるポピア（中央）や汁なしラクサ（左）。2_鮮やかな緑色の壁が特徴的な店内。3・4_プラナカンの菓子は、店頭で購入可能。色彩豊かなパッケージで土産物として人気が高い。

information

Violet Oon Singapore at Jewel
バイオレットオンシンガポールアットジュエル

http://violetoon.com/violet-oon-singapore-at-jewel-changi-airport/

1

4

7

1_ビーズで模様が描かれたタペストリー。2_ニョニャは目鼻立ちがはっきりとした姿が特徴。 3_このペパーミントグリーンの生地に色とりどりの龍や花柄を描くのが、プラナカンスタイルの器だ。 4・5_1階が店舗、2階が住居になったショップハウス（→P.56）。6_代表的なプラナカン料理の数々。マレー系の流れを汲んで香辛料や香草を多用したものが多い。7_螺鈿細工などが施された家具、調度品の数々。8_女性が身に着ける装飾品も目を奪われる美しさだ。

2

5

3

6

8

　　マレー半島各地が交易の拠点となった15世紀後半頃からこの地に移り住んだ、中国系移民とその子孫がプラナカンだ。彼らは現地のマレー系女性と結婚し、中国とマレー、そして西洋文化を融合させ、独自のスタイルを築き上げていった。今に続く、多文化が融合するシンガポールのルーツのような存在といえるだろう。

　この文化の特徴が、芸術性に富んだ鮮やかさだ。彼らが住んだショップハウスはパステルカラーに彩られ、ネオ・ゴシックやバロックの様式と見事に調和。さらに極採色の模様が描かれた食器、1mmほどのカラフルなビーズ刺繍が施されたサンダルや壁掛けなども目を見張るほどの艶やかさだ。彼らは交易や商売に長け、財を成した者も多かった。この豊か

な富があってこそ、華やかな文化が花開いたといえる。
　プラナカン料理も各国の要素を取り入れたことで生まれた。なお、プラナカンの女性はニョニャ、男性はババと呼ばれ、プラナカン料理はニョニャ料理の別名も持つ。

●上記写真には、現在休館中のプラナカン博物館のものも含まれています。

049

文化のともし火を
将来につなげるべく
立ち上がった職人。

2

3

4

1

か つてプラナカンが多く暮らしたカトン地区（→P.57）で1945年に創業。当初は伝統的なプラナカンちまきの専門店としてスタートし、現在はニョニャ菓子や雑貨、洋服などを販売していて、土産物を求める日本人旅行者も多い有名店だ。
「プラナカンとしての歴史は、私で6代目となります。世代交代を繰り返すうちに、次第に私たちの大切な文化が薄れている……。いつしか、そんな危機感を抱くようになりました。そこで、ビーズ刺繍などの独自の技法を独学で学び、広く知ってもらうようにと商品を広げていったのです」。
若手の育成にも力を入れる主人。プラナカン文化を大切に未来へとつないでいる。

1_文化の伝承者として、熱い思いを語ってくれた主人。細かなビーズ刺繍を得意とする。2_鮮やかな色彩の茶器。3_このサンダルの模様もすべてビーズで描かれている。4_伝統的な洋服を現代風にアレンジしたものも販売している。

information
Kim Choo Kueh Chang
キムチュークエチャン

https://www.kimchoo.com/

050

Tradition fuses with new ideas for innovation.

伝統は
新たな発想と
融合して
革新へ。

奇をてらった料理があるわけではない。
比較的オーソドックスな中国料理と感じた。
でも、代表的な料理を食べ終わった後、
えも言われぬ感慨に襲われた。
これらは、何料理なのだろうか――。
気鋭のシンガポール人シェフが生み出す
料理の神髄を探ってみた。

手前の前菜は、細かな切れ目が入
ったキュウリをスタッフが切り分け
て食べるスタイル。持ち上げると
龍の姿が出現する。

リニューアルを果たしたラッフルズホテル（→P.26）に新登場した、3つあるレストランのひとつ。現在の中国料理界で広く知られるジェレーム・レオン氏が手掛けた、モダンチャイニーズキュイジーヌ店だ。シンガポール出身である彼が凱旋を果たしただけに、気合の入れ方は相当なものだろうと、世界中の食通から注目を集めている。

店を訪ねてまず驚かされるのが、ドアからフロアまでをつなぐ通路を飾る白い紙の装飾だ。壁や床も白で統一され、まるでお伽の世界に迷い込んだかのよう。そんな3000枚の紙を使ったというアートな空間を抜けると、白壁に金色の板をはめ込んだ装飾が目を引くフロアへ到達。西洋料理店を思わせる、スタイリッシュでモダンな空間だ。

運ばれてきたひと皿目は、キュウリやクラゲを使った前菜だ。エディブルフラワーなどがきれいに盛り付けられ、宝石をちりばめたような艶やかさに目を奪われる。醤油ソースをかけていただくというが、取り分ける前に心憎い一つの演出が加わった。細かな切れ込みが入れられたキュウリを切り分けるためにスタッフが持ち上げると、天高く上る龍の姿へ変身したのである。

古来より中国において、龍は天変地異を抑え、強さや幸運を象徴する存在として崇められてきた。歴代皇帝が龍のモチーフを多用したのもこのためだ。こうした知識を持ったゲストであれば、幸運のプレートとして深く記憶に刻まれることだろう。

もうひと皿、特徴的な料理が提供された。見た目は少し大きめの小籠包だ。1人にひと皿ずつ供される。

まずはスープをいただこうと皮を破ると、中から姿を現したのは、白濁したスープに赤い油分が浮かぶ液体だった。口にすれば、どこかで食べたような気がする——。
「それは、シンガポール料理のラクサを小籠包として仕上げた料理です」。

レオン氏の弟子としてこのレストランを任された台湾出身のシェフが、ほくそ笑んでこう話しかけてくれた。

中国料理は、長い伝統に裏打ちされたクラシカルスタイルのほか、ヌーベルシノワに代表されるフレンチを思わせる華やかな料理も共存している。つまり、さまざまな要素を上手く取り込んで発展させるのに長けているのかもしれない。このレストランのテーマは、モダンチャイニーズキュイジーヌだ。ラクサの小籠包を口にしたとき、鑑賞する者を見た目で惑わせ、本質を考えさせるある現代のチャイニーズアートを思い出した。

右上2段目の料理は濃厚な味わいのへちま入りのスープなのだが、独特の食感の肉らしき食材の存在感が強い。聞けば、豚の内臓だとか。まったく臭みがないのは、下処理のすぐれた処理の技だろう。ふわふわ食感のへちまとコリコリとしたモツ、そしてシャキッとしたきくらげという、こちらは食感の違いを楽しませてくれた。

右上1段目は、中国料理では定番の豚肉を甘辛く煮たもののように見えるかもしれない。こちらは、牛のホホ肉や尾っぽ、腱を使っている。こうして、それぞれの料理の説明を聞いていると、次はどんな驚きが待っているのかと、期待が膨らんでいく。まさに、私たちはレオンワールドにはまり込んでしまった。

1

2

3

1_牛のさまざまな部位を甘辛く仕上げた煮込み料理。看板メニューのひとつである。2_へちまのスープ。食感の異なる食材を濃厚なスープが一つにまとめ上げている。3_ラクサ味の小籠包。4_テーブルにはワイングラスが並び、中国料理店とは思えないスタイリッシュな空間が広がる。

4

information
藝 yi by Jereme Leung
藝 バイジェレームレオン

https://www.yi-restaurant.com.sg/

Chicken Rice
チキンライス

チキンスープで炊いたご飯と茹で、または蒸した鶏を一緒に盛り付け、ショウガソースなどを着けて食べる国民食。

Duck Rice
ダックライス

アヒルをローストして甘辛いタレで味付けした滋味深いひと品。チキンライスと同様にご飯とセットで食すことも多い。

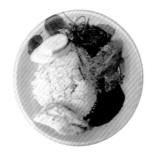

Nasi Lemak
ナシレマ

エスニックな味付けが施された数種のおかずとご飯をひと皿に盛り付けた定番メニュー。ご飯はココナッツで炊くことも。

Kaya Toast
カヤトースト

ココナッツミルクと卵、砂糖などを煮込んだカヤジャム。カリカリのトーストにバターを塗り、ジャムをぬって食べる朝の定番。

La Ksa
ラクサ

ココナッツ入りのカレースープとストレートの米麺を合わせた料理。少し辛味のあるプラナカン料理のひとつ。

Mee Goreng
ミーゴレン

甘辛いサンバルという調味料で炒めた焼きそば。中華麺や米粉の麺が選べることもある。東南アジア全域で食べられている。

Bak Kut Teh
バクテー（肉骨茶）

豚のスペアリブを漢方でじっくりと煮込んだスープ。コショウがかなり効いていることが多く、体を温める効果が期待できる。

忙しいシンガポールの人々は、家族全員がそろって夕食を家で食べることは一般的ではないという。その分、外食シーンが日本よりも発達。もちろん、きちんとしたレストランも数多くある。しかし、特徴的なのは、手軽にそして気軽に好きな料理が食べられるホーカーセンターやフードコートがたくさんあることだ。公共住宅の1階、バスターミナルや鉄道駅のそば、人が集まる中心部などに点在し、庶民の胃袋を支えている。ホーカーとは屋台の意味で、小さな屋台形式の店が集まった場所がホーカーセンターだ。

シンガポールを代表する料理の数々は、実はこのホーカーで生まれたものが多い。上記で紹介した料理は全て、街中心部のホーカーセンターで注文可能。注文すればものの1、2分でテーブルに並び、値段も数百円とリーズナブルなものばかりだ。とはいえ、侮ることなかれ。ホーカーで人気を博して路面に店を構え、さらに人気を高めて空港ターミナルなどに出店するような実力派も多いのだ。

チャイナタウンとタンジョンパガーと呼ばれる地区の間にあるホーカーセンターがこちら。一列にホーカーが並び、料理写真を掲げる店も多く、観光客にも選びやすいと評判だ。左ページに紹介した代表的な料理はもちろん、クラフトビールのバーといったホーカーセンターでは珍しい店もある。

地元の人々の多くに好みの店があり、ホーカーには一家言ありのようである。そんな人々に聞くと、このセンターは名店が多いとか。ランチタイムには、かなりの行列ができる店もある。やはりチキンライスやお粥が人気のようだ。夜はセンター内に数カ所あるドリンク店でビールを購入し、おかずとともにグラスを傾ける観光客も多く見掛けた。

最も混雑するのは、ランチと早めのディナータイム。21時を過ぎると閉まる店が多い。

information

Maxwell Food Centre
マックスウェルフードセンター

052

実力店も数多い
チャイナタウンの
センターへ。

150年ほど使われ続けてきた魚市場を改装して誕生したホーカーセンター。その魅力は何と言っても、シンガポールの中心地、ラッフルズプレイスという金融街というロケーションだ。オフィスワーカーはもとより、観光客も足を運びやすい立地から、ランチタイムを過ぎても賑わいを見せている。24時間営業しているのも珍しい。

メニューに番号がふられていて、メニュー名が読めなくても番号を伝えて注文できるシステム。2014年に改装が行われ、清潔感があるのもいい。さらに、日没を過ぎると、マレー系の焼き鳥であるサテーを焼く屋台が屋外に出現。香ばしさに誘われて、屋台周辺の屋外席はかなり混雑する。

ランチタイムはオフィスワーカーなどで席が埋まってしまうことも多い。

information

Lau Pa Sat Festival Market
ラオパサフェスティバルマーケット

053

まさに街のど真ん中、
金融街にある
人気センター。

054

ユニークなデザインの源は 風水という思想にあり！

1_サンテックシティの噴水。 2_波打つ屋根が特徴的なサウスビーチアベニュー。 3_オーチャード通りの西端に位置するビルは、建物の上にさらに高層ビルが乗るというユニークさ。 4_前衛的なデザインのコンドミニアムも風水に基づく設計だ。

風水とは、気の流れを物の位置などで制御する古代中国から続く考え方だ。シンガポールの建造物の多くは、実はこの思想を元に設計されているのをご存じだろうか。かのマリーナベイサンズ（→P.22）も風水を取り入れた建築デザインの結果だ。

風水に疎い我々は、現地コーディネーターが知るおもなスポットを巡ってもらった。写真1は、ギネス記録も保持している世界最大級の噴水が名所となっている、国際展示場などがあるサンテックシティ。噴水は富を象徴していて、周囲に並ぶ5本のビルは人の手を表し、「富を握る」という意味があるという。その他、市街を歩けば、「あのビルもそう」と次々と……。古くからの思想が近未来的な街の姿を生み出したのかもしれない。

055

中国系の心のよりどころを 市内各所に探して。

人口のおよそ7割を占める中国系の人々は、ルーツとなる中国から伝わった宗教や風習を重んじた暮らしをしている。仏教や道教の信仰者が多く、市街各所で祈りをささげる姿を見かけるだろう。

なかでも象徴的なのが、中国式の占いだ。我々日本人よりももっと身近な存在なようで、

少し高額な買い物をする、夫婦仲が悪いなど、ちょっとした転機や困りごとがあると訪れるという。中国系シンガポーリアンで連日賑わう観音堂（→P.31）の周辺には、占い師の屋台がずらりと並び、いずれも人で埋まるほどの人気ぶりだ。調和を重んじながらも、ルーツとなる風習も大切に受け継いでいる。

1_市内各所にある仏教や道教の寺院。観光客でもお参りすることができる。 2_観音堂の周辺に集まる占い師の屋台。平日の昼間でも、人影が絶えることはない。 3_自宅で祈りを捧げるためのアイテムを販売する店も人気。

056

伝統に則った儀式も 大切に守り継ぐ人々。

ビルが立ち並ぶ街の中心部で見かけた結婚式の様子。

この写真は、取材移動中に偶然に見かけたマレー系の人々による結婚式の模様だ。男性はカタヤ、女性はヒジャブと呼ばれる布を頭に巻き、新郎だろう、ひと際目を引く赤い衣装を身にした男性を囲んでいる。そして、ここに主賓がいると示すように、きらびやかな飾りを掲げている。こうした衣装や飾りは、マレー系の人々の伝統的なスタイルだという。一方、リトルインディア（→P.45）に足を運べば、インドさながらに伝統衣装を身に包んだ人々が行き来している。

この国に暮らすそれぞれの民族は、融和して一つの社会を作り上げながらも自らのルーツを大切にしているのも特徴だ。

057

若手デザイナーを育成──。
国が執るユニークな政策とは？

シンガポール政府は今、この国らしさを高めようとしているようだ。つまり、国を挙げて、文化レベルをさらに高めようとしていると各所で感じた。その象徴的な場所だったのが、ここデザインオーチャードだ。

その名の通り、オーチャード通りの中心に立つ複合ショップであるのだが、国の支援を受けて2018年1月にオープンしたという。販売されているのはローカルのデザイナーによるプロダクトのみ。ファッション系商品や雑貨など、品ぞろえは多岐にわたる。「現在、70人ほどのデザイナーの商品を販売しています。それぞれの商品には、製作したデザイナーのプロフィールを記したカードを掲げていて、誰がどんなスタイルでデザインしているのかを知ることができます。ここが、私たちの大きなポイントです」。

70人ほどの大半は、まだ自らの店舗を構えることができないような若手だという。つまり、世の目に触れにくい若手の作品を一堂

に集め、成功への足掛かりとなる場を国が支援したということになる。これほどまでに細やかな政策を執る国はあるのだろうか。

アイテムをよく見ると、プラナカンの影響を感じさせる色鮮やかな模様や、インド系のヒンドゥー教寺院で見られるような細密な細工が施された雑貨など、各デザイナーのルーツを感じさせるものも少なくない。各家に伝えられてきた伝統文化は若手にもしっかりと伝えられ、さらに現代的なセンスも融合させ、新たな"何か"を生み出しているようだ。

1_デザイナー1人に対して一定のスペースが与えられて、自らの作品を展示する店内。2階には工房があり、デザイナーは客の反応を見ながら、インスピレーションを得ているようだ。 2_腕輪の部分が多彩な色から選べる時計。この豊かな色彩感覚は、プラナカンの影響だろうか。 3_普段使いができそうなファッションアイテムも豊富。 4_生活雑貨もあり、在住外国人にも人気だとか。 5_欲しいアイテムを探せるハイテクな装置があるのもシンガポールらしい。 6・7・8・9_小物類も多く、送り物としても喜ばれそう。

information
Design Orchard
デザインオーチャード

https://www.designorchard.sg/

058

古きよき街並みを
アップデートした注目エリア。

チャイナタウンから少し西側へ進んだ場所に、ティオンバルという街がある。ここはかつて、住人以外はあまり訪れることない閑静な住宅街が広がっていた。最近になって、中心地に近い好ロケーションが注目

され、外国人向けのコンドミニアムや富裕層の住宅が次々と完成。すると、おしゃれな店も続々とオープンし、シンガポールで今、最もホットなエリアとして注目されている。

街を歩いてみると、確かにデザイン性の高さを感じさせるショップが多い。外壁にモノクロの樹木を大胆に描いたブックショップ、隠れ家のようなモダン中東料理のレストランなど、昔ながらの店の構造を壊すことなく、むしろ古さをモダンに見せる空間へと見ごとに作り上げている。最近は、世界中から店を出す人が増えているという話にもうなずける。

街の中心にあるティオンバルマーケット。

information
Tiong Bahru
ティオンバル

059

福建省からの移民が暮らし始めた元海辺エリア。

ラッフルズ卿がこの地を開港したおよそ2年後、中国・福建省から初めての移民船が到着したのがこのエリア。今の街並みからは想像しがたいが、この辺りに海岸線があり、彼らが到着地付近に暮らし始めたことがこの街の起源になっている。

通りにはカラフルな看板が並び、いつ訪れても多くの人が行き交う活気あるエリア。本土さながらの料理や雑貨が街にあふれ、街歩きをするのが楽しい。

1_街を散策していて見掛けた、寺院を描く初老の男性。退職後、趣味の絵画を始めたという。 2_夜の通りは、夕食を楽しむ人で大混雑となる。 2_看板の多さに目を奪われる。

information
Chinatown
チャイナタウン

060

ラッフルズ卿が整備したムスリムたちの居住エリア。

およそ500m四方の狭いエリアにイスラム色豊かなショップが立ち並ぶ、異国感あふれる一帯。19世紀後半、ラッフルズ卿がイスラム教徒のために整備したのが始まり。現地では「カンポングラム」と呼ばれる。カンポンとはマレー語で「村」の意だ。

サルタンモスクが街の中心で、布や絨毯、アラブ風のランプを売る店が多いのが特徴。ハジレーンという通りにはウォールアートも数多く描かれている。

1_イスラム圏からの観光客も多く集まるエリア。 2_ハジレーン周辺はおしゃれなカフェやショップも集まり、地元の若者にとっての注目エリアとなっている。 3_アラブ風ランプはお土産にもいい。 4_イスラム教のシンボルである月と星も見掛ける。

information
Arab Street
アラブストリート

063 欧米人好みのスタイルの店が続く。

古くからオランダ人が多く暮らしたことから、その名があるエリア。現在でも欧米人の住民が多く、中心となるロロンマンボンという通り沿いはオープンテラスのカフェバーやレストランが並び、夜はテラス席でドリンクを楽しむ人で賑わいを見せ、西洋的な雰囲気が漂っている。

オープンスタイルの西洋料理の店が数多く集まる。

information
Holland Village
ホーランドビレッジ

064 日本食が恋しくなったらここへ。

夜な夜な日本人駐在員が集まるのが、オーチャード通り近くにあるこちら。ここがシンガポールであることを忘れるほど、大衆的な居酒屋が数多く並んでいる。日本語のカラオケが歌える店もあるから驚く。カッページプラザとオーチャードプラザという2つのビルに特に多い。

ビル裏手の細い路地にも日本料理店が並んでいる。

information
Cuppage
カッページ

061

スパイスの香りに包まれる
インド系の人々の生活圏。

通りが1本違えば、違う国の雰囲気に……。そう例えられるシンガポールにあって、こちらはインド系の人々が食料品や日用品を買いに集まるエリア。通りを歩けば、スパイスやジャスミンの花飾りが鼻腔をくすぐり、リーズナブルな自転車タクシーのトライショーも数多く見掛ける。極彩色といえるカラフルな看板やビビットな色合いのウォールアートが目に飛び込んでくる。インドの庶民文化に触れてみてはいかがだろう。

1_中心部ではあまり見掛けないトライショー。買い込んだ荷物を満載して疾走する姿が印象に残る。2_スリヴィラマカリアマン寺院（→P.31）が中心地。3_看板がとにかく派手だ。4_神様にお供えする、ヒンドゥー教徒にとって大切な花飾り。

information
Little India
リトルインディア

062

ハイブランドが集まる
「シンガポールの銀座」。

シンガポールを訪れたことがあれば、ショッピングをすすめられた経験をお持ちではないだろうか。高級ブランドのブティックや日系デパート、大型のショッピングセンターが立ち並ぶ繁華街。外資系の大型ホテルも数多く集まっている。

歩道が広く歩きやすいほか、アンダーパス（地下道）で結ばれているため、通りを挟んだ商業施設との行き来が容易なのもいい。衛兵交代式が見られる大統領官邸もある。

1_大型ショッピングセンターにはズラリと高級ブランド店が並ぶ。2・3_通り沿いには街路樹が多く、日差しの強い日でも歩きやすい。歩道では色鮮やかな食パンに挟んだアイスクリームの露店が人気を集めている。

information
Orchard Road
オーチャードロード

---

065 昼夜で雰囲気が変わる、賑わいの中心地。

マリーナ湾の河口部近くから、シンガポール川の両岸に続く繁華街。バーやレストランが一列に並んでいて、夜ともなれば色とりどりのネオンの元、アフター5のビジネスパーソンや観光客でごった返している。とはいえ、昼間は店がクローズしていて、静かな雰囲気となる。

アーケードにも刻々と色を変える照明が照らされている。

information
Clarke Quay
クラークキー

---

066 週末は欧米人が通りを埋め尽くす。

チャイナタウン近くにあるこちらは、クラブやバーが数多く集まっている場所。平日でも賑わいを見せるが、金曜や土曜ともなれば、細い通りにテーブルが並び、通行するのが難しいほどにお酒を楽しむ欧米系の人々で大盛り上がりとなる。近くのアンシアンロードも同様の雰囲気だ。

まるで欧米圏の繁華街のような雰囲気に包まれる。

information
Club Street
クラブストリート

What is an ideal sustainable city?

サステイナブルな理想都市とは?

埋め立て地を広げ、森を切り開いて近未来的な街をつくり上げたシンガポール。
そんな歴史を経たからだろうか、現代を生きる人々は緑を大切にし、自然に親しむことへの意識がかなり高い。
この国が歩む先には、「サスティナビリティ」というキーワードもありそうだ。

007 森の中に突如現れる波打つ橋の先に、この国の未来像が見えてくる!?

この橋は、ヘンダーソンヴェーブという。ご覧の通り、波打つ姿が特徴的な全長274m。セントーサ島へつながるケーブルカーが発着するマウントフェーバーパーク近くにある、地上36mとシンガポールで最も高所にかかる歩行者専用の橋だ。詳細な説明を聞くまで、何の目的で造られ、誰が利用するのか不明だった。

この橋は、サザンリッジーズウォークという全長5kmにおよぶグリーンベルトの一部だ。このグリーンベルトはウオーキングコースが整備され、自然に親しみながら体を動かすことを奨励するために政府が造ったのだという。その象徴が、奇想天外のデザインで人目を引いたこの橋というわけだ。「Wellness」(→P.12)でも紹介したように、健康に対する国民の意識はかなり高い。健康的な生活を送るための環境が、国を挙げて整備されてこそ、「Wellness」が根付いていくのかもしれない。

自然と調和する曲線的なデザイン。橋の上部は見晴らしがいい。

information

Henderson Waves
ヘンダーソンウェーブ

https://www.nparks.gov.sg/

068

庭園を愛する人々が集う
ガーデナーの聖地。

ヘンダーソンウェーブが自然と触れ合う場所とするならば、こちらは人工的な緑を身近な存在とするためのグリーンスポット。緑の手入れ方法の参考となる庭園を眺めたり、ガーデンショップで苗木を見たりと、ガーデナーが楽しい時間を過ごせる場所だ。多彩なワークショップも開かれる。

1_壁も緑化され緑にあふれる園内。
2_上質なビストロがあるのも特徴的だ。

information
Hort Park
ホートパーク

https://www.nparks.gov.sg/gardens-parks-and-nature/
parks-and-nature-reserves/hortpark

069

街のど真ん中にある
ダムも憩いの場!?

マリーナ湾から海へと注ぐ、水の流れをせき止めるダム施設。ここで採取した水は、浄化されて生活用水として使用している。そう、水の確保に苦しんできたこの国が、満を持して建設した施設だ。とはいえお堅いイメージはなく、無料で利用できる芝生が広がる気持のいい屋上は、市民の憩いの場となっている。

施設の機能や水の大切さを紹介
するミュージアムもある。

information
Marina Barrage
マリーナバラージ

https://www.pub.gov.sg/marinabarrage

070

本来の自然の姿を
感じられる。

島中心部にある貯水池周辺に整備された自然スポット。未舗装のブッシュウオークが楽しめるコースがあり、週末は多くのジョガーも集まっている。

information
Mac Ritchie Reservoir
マクリッチー貯水池

071

ガーデンシティの
新しいシンボル。

ス ーパーツリーと呼ばれる緑に覆われた樹木のような人工物がズラリと並び、夜はライトアップされた幻想的な光景が広がる。そんな施設の目的は、ガーデンの中にある都市を目指す、国の未来像を描いているという。

information
Gardens by the Bay
ガーデンズバイザベイ

https://www.gardensbythebay.com.sg/

入園が無料なのにも驚く人気観光地。

072

緑と同居する
ビルが点在する。

今回の取材では数年前に比べて、いわゆる緑化ビルがぐっと増えた印象だ。写真にある「パークロイヤルホテル」がその象徴といえるだろう。建物下層部をはじめ、緑が一部に浸食しているかのような姿だ。ガーデンシティの思想は、ビル設計にまで及んでいる。

073

国の花を愛する人々の想いが見事な花を咲かせるのか──。

シンガポールの国花であるランを展示するこちらのガーデンは、外国人旅行者に人気のスポットだ。その理由は、園内に足を踏み入れたときから一目瞭然だろう。日本では温室でしか目にできない貴重なランが、園内ところ狭しと開花。色鮮やかで、めったに見られないユニークな姿のものも多い。英国のエリザベス女王などの有名人の名をいただいた品種も見応えがある。

とはいえ、空港やショッピング施設をはじめ、この国では街中でもたくさんのランを目にする。さまざまな花がある中、あえてランを選び、旅行者をこの花で歓迎するシンガポールの人々。ちょうど週末に取材に訪れたときも、ローカルらしき家族連れで賑わいを見せていた。

1〜5_シンガポール植物園(右ページ)内にあるラン園。園内には約1000種以上の原種と2000種を超える交雑種があり、その数は6万株を数えるのだという。屋外で木々と一体となった姿が見られるほか、園内最奥にあるクールハウスでは、涼しい高地に咲く熱帯植物の花を愛でることができる。

information

National Orchid Garden
シンガポール国立蘭園

https://www.nparks.gov.sg/sbg/whats-happening/calendar-of-events/national-orchid-gardens-promotion

---

074

離島を訪ねる小さな船旅もおすすめ。

国内各地にあるフェリーターミナルから、周囲の離島への船が運航している。例えば、チャンギビレッジからわずか10分の距離にあるウビン島は、手付かずの自然が残り、かつてのシンガポールの姿を垣間見ることができる。

075

さまざまなスタイルで自然を楽しむ人々。

右上の写真は、右ページで紹介するシンガポール植物園のもの。小雨混じりの曇り空だった休日の昼間、ジョギングやウオーキングを楽しむ人が数多く集まっていた。こうして体づくりのひとつとして、自然スポットに出向く人も多いようだ。下はセントーサ島のビーチや屋外プールの様子。軽装

で訪れているローカルも多かった。

東京に暮らしていると、自然に触れるためには「わざわざ出掛ける」という意識が芽生えるものだ。しかしここシンガポールでは、身近にあるわずかな自然スポットで、たとえ短時間であっても自然に親しみ、積極的にリフレッシュする姿が印象に残った。

1_セントーサ島を代表するビーチである、白砂が広がるパラワンビーチ。2_シンガポール植物園は無料で入れるため、エクササイズに最適。3_ダンジョンビーチにあるプールを備えた施設。

076

ゴム生産を支えた歴史から
世界遺産に登録された植物園。

国内で唯一の世界遺産登録地である
シンガポール植物園が開園したの
は、イギリス統治時代の1859年のこと。当
初は憩いの場ではなく、ゴムやパーム油、ス
パイスなどの作物の研究施設だったとい
う。わずか7年間ほどの研究期間ではあっ
たが、東南アジアに広まった天然ゴムのプラ
ンテーションは、この施設で行われた研究
の賜物と言っても過言ではない。こうした
歴史があり、2015年に世界遺産に登録され
た。現在も希少な植物の研究や保護活動
が行われている。

　32haもの広大な敷地には、前述のラン園
のほか、地球の誕生から植物の進化がたど
れる散策コースのあるエボリューションガー
デン、1000種類以上のショウガが集められ
たジンジャーガーデンなどがあり、観光的な
楽しみもある。でも、ここではのんびりと過
ごすのがいいだろう。

　おすすめは、いくつかあるゲートから美し
いガーデンを眺めながら散策したら、各所に
あるレトロな趣のガゼボでひと休みするスタ
イル。実はここは、オーチャード通りから車
でわずか10分ほどの場所。そんな周囲の
喧噪がうそのように、鳥のさえずりと葉音が
やさしく耳に響いてくるだろう。

スワンレイクと名付けられた、白鳥が生息する
池のそばにガゼボが点在している。

information

Singapore Botanic Gardens
シンガポール植物園

https://www.nparks.gov.sg/sbg

077

カフェやレストランまでも
自然を取り込むのが最新式。

積極的に自然に親しむシンガポール人は、食事やカフェタイムを過ごすときまでも緑を強く意識するようになったのだろうか。左右に並べた写真のように、"ガーデンレストラン"とでも呼びたい緑あふれる店がここ数年、増えてきているようだ。

左の写真は、おしゃれな店が集まるデンプシーヒルにあるローカルにも観光客にも人気のカフェ。特に木々を目の前にしたテラス席は、森の中でグランピングを楽しむような空間が広がり、椅子も深く座れるものが用意されていて居心地がよさそうだ。

1_本などを持ち込んで、長居する人も多い。 2_窓が大きく、店内からも周囲の自然を愛でながらくつろげる。 3_ガーデンズバイザベイにあるレストラン。

078

眺めを追求して
ルーフトップへ。

空間へのこだわりが進んだ結果、ハイフロアという場所を選ぶ店も出てきている。いわゆるルーフトップバーだ。高層ビルが林立するこの国らしいスポットとして、世界の旅行者にも人気が高い。

店を選ぶなら、やはりマリーナ湾沿いがいい。摩天楼の夜景を眺めながらグラスを傾ければ、少しの時間、成功者になったような気分が味わえるかもしれない。

LeVeL33という人気のバー。

079

紅茶の専門店は
室内にこだわりの空間を。

シンガポール発のTWGという紅茶ブランドをご存じだろうか。ラグジュアリーティーをコンセプトとして2008年に創業。今やシンガポール土産の一番人気を獲得したといってもいいだろう。茶葉の美味しさはもちろん、レトロな柄をモダンなデザインに仕上げたパッケージも好評だ。

そんなTWGがマリーナベイサンズのショッピングエリア（→P.22）に開いているショップ兼ティーサロンを訪ねて、そのユニークさに驚かされた。店の外にある席は目の前に水盤があり、まるで池のあるガーデンのガゼボでティータイムを楽しんでいるようだ。

1_本格的なアフタヌーンティーも人気メニューだ。 2_水盤がある席はパブリックスペースにあり、吹き抜けの開放感ある空間。 3_茶葉やマカロンを販売。

information
TWG Tea on the Bay
at Marina Bay Sands
ティーダブリュージーティーオンザベイアットマリーナベイサンズ

https://twgtea.com/

スタッフやゲストが行き交うとはいえ、
目の前を通ることのないようテーブルが
配されている。

080

"ラッフルズらしさ"も
隠し味となったロビーへ。

　こだわりの空間といえば、ラッフルズホテル（→P.26）のエントランスすぐの場所にあるこちらも欠かせないだろう。ここは全てのゲストが通る、いうなれば「ホテルの顔」。新装されたとはいえ、格調の高さはそのままに保たれた空間に包まれながら、アフタヌーンティーが楽しめる。

　食器や椅子、テーブル、そして供される品々の質も特筆すべきだが、ここで注目したいのがスタッフも上質な空間をつくり上げるための重要な要素であることだ。歩き方、紅茶をサーブするゆったりとした動き、さらには過度に感じさせない微笑み……。これらが一体となって、初めて居心地の良さが生まれることを改めて思い起こさせてくれた。

information
Grand Lobby
グランドロビー

https://www.raffles.jp/singapore/dining/the-grand-lobby/

081 伝統のバーも
グレードアップした。

各テーブルに置かれた山盛りのピーナッツとともに楽しみたい。

　世界的に広まったカクテル、シンガポールスリングを生んだラッフルズホテル内のこちらも、内装がリニューアルされた。改装のポイントは、「より創業当時に近い姿に戻す」だったという。ヤシの葉で編まれた団扇が天上で揺れる店内は、確かに改装前よりもゆったりとくつろげそうなレトロさ。ピーナッツの殻を床に捨てる名物のスタイルもそのままだ。

information
Long Bar
ロングバー

https://www.raffles.jp/singapore/dining/long-bar/

082 新デザインのバーは
作家への敬意の表れ。

シックな空間とコンテンポラリーなインテリアが調和している。

　グランドロビーに面した場所に、新たなバーが誕生した。その名もライターズバー。かつてホテルに投宿していた著名な作家にちなんでいるという。メニューはレトロな革張りのノートブックの仕立てで、旅先で作家がメモを走り書きしたようなユニークなデザインだ。物書きの端くれとしては、ここでグラスを傾けて次回作のヒントを得たいところだ。

information
WRITER's Bar
ライターズバー

https://www.raffles.jp/singapore/dining/writers-bar/

083

生まれ育ったローヌ川の畔を
ラッフルズに再現したのだろうか。

ラッフルズホテル（→P.26）のリニューアルを機に誕生した、新たなダイニングの一つであるラダムドゥピック。この名を聞いてピンときた読者は、食に造詣が深いとがうかがえる。この店名は、ミシュランの三つ星を獲得したフランスで唯一の女性シェフであるアンヌ・ソフィー・ピック氏の名である。彼女がアジア初出店を果たした場所が、シンガポールだった。

「人種もさまざまで、それぞれの文化も共存しているなど、この国は多用な顔を持っている。私たちが提供するフュージョンという料理を生み出すには、インスピレーションにあふれた最適な場所だと感じている」。

こう話してくれたのは、シンガポールでの料理を任されたフランス人シェフ、ケビン氏。37歳という若さで、セレブシェフの新たな挑戦を担っているというから驚く。

そう、ここの料理はフレンチの枠を越え、世界各国の要素を取り入れたフュージョン料理といえる。左下にある写真は、シグニチャープレートのひとつであるパスタだ。緑色の三角形のものが、抹茶を練り込んだパスタで、すぐに消えてしまう泡立てたフェンネルソースを客の前で注ぐという仕掛けだ。「アンヌ・ソフィーのメニュースタイルに沿って料理を提供するのが私の役割だ。彼女は、ソースはその料理にとって大切なフレーバーであり、創作の基本。しっかりとしたソースがあってこそ、伝統にこだわらない新しいフレンチが生まれると語っている」。

ソースを泡立てたことで、フェンネルの香りがまず鼻腔をくすぐる。しばらく味わううちに、抹茶の味わいがほんのり甘く感じられ、一体化していく。食べ進むうちに楽しくさえ感じてくる料理だった。

料理と並んで目を引いたのが、ホテル中庭に面したロケーションのすばらしさだ。天気が良ければ窓が開け放たれ、レースのカーテンを静かに揺らす。直接陽光が差し込むことはないが、白い建物の壁や柱、大理石の床に反射して、やさしい光を店内に放っている。周囲の環境に恵まれたレストランは数あれど、これほどまでに上質な空間をつくり上げることはそう容易ではない。まさに、女性的なエレガントさ――。

アンヌ・ソフィー氏が生まれ育ったのは、ローヌ川沿いにあるヴァレンヌ。フランス北部にある人口700人弱という小さな街だ。彼女は今でも、創業者である祖母、同じく3つ星シェフである父と代々受け継いできたレストランで腕を振るっている。この緑豊かで閑静な街にいるからこそ、喧噪のシンガポールでも環境にこだわった気がした。

そう考え始めると、ラッフルズ以外には選択肢はなかったのかもしれないと思えてくる。「東洋の真珠」と称されるエレガントなホテルでこそ、繊細で優美な品々が引き立つというものだろう。夜はどのような空間になるのか、次に訪れる楽しみができた。

1_アフタヌーンティーなどがいただけるホテルのロビーから入ると、前衛的な金の壁やシャンデリアに迎えられる。2_看板メニューである抹茶を使ったパスタ。3_四角いキューブ状がユニークなデザート。4_シェフのケビン氏も優雅な立ち居振る舞いだった。

information

La Dame de Pic
ラダムドゥピック

https://www.raffles.jp/singapore/dining/la-dame-de-pic-raffles-singapore/

ホテルの中庭側に並んだテーブル席が
私が感じた特等席だった。

084

世界のホテルの進化は
シンガポールから始まる!?

老舗ホテルがリニューアルを行い、新たなコンセプトのホテルも次々と誕生するシンガポールのホテルシーン。その動きを見ていると、ストーリー性を高めるという傾向が見て取れる。そう感じたのは、このホテルを訪れた経験からだった。

ロビーにある「Woo Bar」で楽しめるアフタヌーンティーのテーマは「鳥かご」。店内にも鳥かごをモチーフにしたインテリアが飾られ、料理も鳥かごを半開きにしたような器に盛られている。そんな店内から窓の外を見ると、強い日差しに照らされた木々が揺れている。開け放たれた鳥かごのような、安心で自由な空間に我々はいるのだろうか――。

アジア6軒目となるデザイナーズホテルであるWホテル。客室も含めて、デザイン性の高さには目を引くものがある。

information

W Singapore Sentosa Cove
ダブリュウシンガポールセントーサコーヴ

https://www.marriott.com/hotels/travel/sinwh-w-singapore-sentosa-cove/

新たな風を吹き込む
新ホテルも続々と!

世界のラグジュアリーブランドなどが集まり、世界屈指のホテル充実デスティネーションと評されるこの国だが、今後も新ホテルのオープンが予定されている。最新のホテルを含めて、注目の3軒はこちらだ。

085

Dusit Thani Laguna Singapore
デュシタニラグーナシンガポール

ゴルフ＆カントリークラブ内に本年開業予定。
https://www.dusit.com/dusitthani/laguna/singapore

086

The Capitol Kempinski Hotel Singapore
ザキャピトルケンピンスキーホテルシンガポール

ヨーロッパ系の5つ星が2018年にお目見え。
https://jp.lhw.com/hotel/Capitol-Kempinski-Singapore

087

Grand Park City Hall
グランドパークシティーホール

2018年5月に改装を終えたコロニアルホテル。
https://www.parkhotelgroup.com/en/cityhall/

こ5年ほどでの間で、市街にウォールアートがずいぶんと増えたようだ。かつては落書きのように扱われていたが、現在はSNSにアップするための、いわゆる"映え"写真スポットとして、世界各地で流行している。街に彩りを添えるだけでなく、行き交う人々の気持ちをどことなく和ませ、街そのものの雰囲気を変えるという効果があることも、世界に広まった理由だ。

シンガポールで特に多く目にするのが、リトルインディアやアラブストリート、チャイナタウンの界隈。その街や民族の歴史を紹介するもの、インドの大人気映画スターを描いたもの、芸術性の高いものなど、その内容は実に多彩だ。今回の取材中で見掛けた7つのアートを紹介しよう。

リトルインディアの片隅にあった小さな公園で見つけた、インド系女性を描いたモダンアート。公園にはカラフルにデザインされた牛や玉のオブジェもある。

インドの映画スターであるラジニカーントを描いた前衛的な作品は、もちろんリトルインディアに。この街に暮らす人にとって、心躍るアートだ。

神様に備える花輪を作る女性を描いたこちらの作品。実は歩く男性がいる先の方には、花々を蹴散らして失踪する競馬のジョッキーが描かれている。

ターバンを巻いて何かを飲もうとする、初老のインド系男性。厳しい表情で激しく往来する車に視線を投げかけているのは、運転の注意喚起だろうか。

アラブストリートにあるハジレーンで見られる前衛的なタッチが特徴のウォールアート。この周辺は、アーティステックな作品が多い。

草花をシンプルに描いたこのような作品も発見。意味を持たせるだけでなく、見ている者がほっとできるようなアートも点在している。

チャイナタウンで見かけたこちらは、壁一面に中国系移民の歴史を描いた時代絵巻のような作品。この地区には自らのルーツを紹介するものが多い。

市内を歩けば各所で目にするこの建物は、ラッフルズ卿が上陸して以降に建てられた独特の建築スタイルである。1階を商売を行う店舗、2階を主に居住スペースとして分けた家屋が壁一枚を挟んで並ぶというショップハウス。高層ビル群や風水に基づいてデザインされたユニークな形状のビルとともに、

シンガポールらしい街並みを形成している重要な要素だ。レストランやショップ、さらにはホテルにまで改装され、伝統家屋が現代にも大切に受け継がれている。

この様式が国中に広まったのは、ラッフルズ卿が立てた都市計画によるところが大きい。彼は、行政機能を集めたエリアと居住区を分けた都市整備を行ったのだが、この家屋は主に、居住区に多く建てられた。さらに計画では、正面の外観デザインやその前を通る歩道の幅を統一するよう定めていたことで、各民族ごとに異なる居住区であっても、同様に整然とした街並みを形づくったのである。

ちなみに建物前の歩道は、ほぼ1.5mに統一されたその幅から「ファイブフットウォークウェイ」と呼ばれている。これも彼が提唱したアイデア。各家屋2階のせり出した部分が屋根となり、雨天時でも歩きやすいアーケードとなっている。日本の雪国で見られる雁木と同じように、新たにアーケードを設ける必要がない実に効率的なシステムだ。

内部を見ると、入り口の奥側にある中庭に加えて、外階段や天窓があるのが特徴だ。正面が狭く室内へ差し込みにくい明かりや風を取り込むための工夫である。むしろ直射日光が当たらないため、内部は高温時も涼やかだ。

こうしたショップハウスが見られる代表的な場所を以下で紹介しよう。

089

間口が狭く奥に長い独特の構造にした理由とは?

この国の人々が愛するショップハウスを知る。

プラナカンの人々が数多く暮らしたカトン地区の路地、クーンセンロードにあるショップハウスは、そのカラフルで美しい様から、旅行ガイドブックにも掲載されているほか、観光バスが止まるほどの人気スポットとなっている場所だ。

写真を見てもお分かりだろう。隣り合う家々ごとに異なる色合いの美しさもさることながら、非常に凝った装飾がここの特徴だ。花

模様のレリーフやレース状に刻まれた軒下の飾りなど、ネオ・ゴシックやバロックといった西洋様式が見てとれる。まさに、華やかなプラナカン文化を反映したものといえる。これらは1900〜1940年頃に建設されたもの。

当時の人々の細かな技に驚くばかりである。

また、同じカトン地区にあるジョーチアットロードでも、シックな色使いのショップハウスが並んでいて、右ページで紹介するプラナカン雑貨店などとあわせて、のんびりとめぐるのがおすすめだ。

クーンセンロードのものはショップではなく、一般の住人が暮らす家屋となってるので、見学する際はマナーを守るようにしたい。

090

カラフルな家屋が並ぶカトン地区はプラナカン建築の傑作。

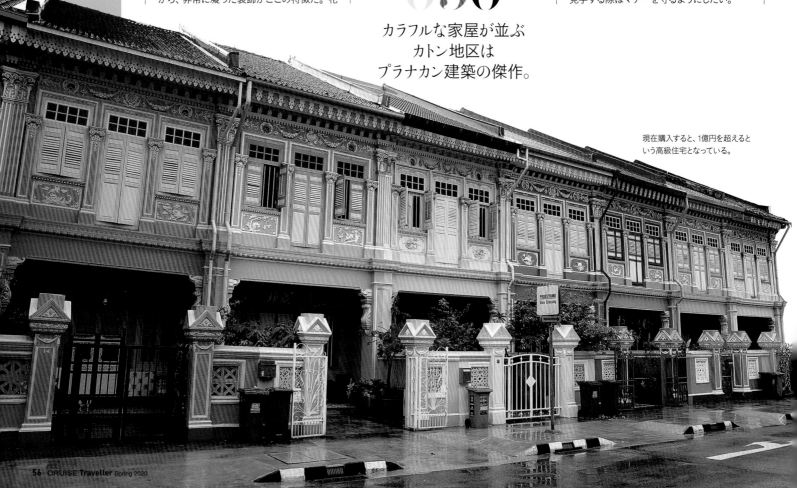

現在購入すると、1億円を超えるという高級住宅となっている。

この地区には韓国や日本のレストランが多い。

学術的にも貴重な
プラナカン様式の傑作。

街 中心部の西方にあり、ブルーの外壁が目を引くNUSババ・ハウスは、プラナカンの建築様式を今に伝える貴重な存在として知られる。かつて海運王として名をはせたウィー・ビンの邸宅だ。

内部も含めて、シンガポール国立大学がこの住宅を買い取り、2年間にも及ぶ修復を実施。2008年から内部が公開されている。そこには家具や日用品も往時のものが展示され、中には貴重なプラナカン雑貨のアンティークもあるとか。ショップハウスの伝統的な内部の造りやプラナカンの家具や装飾などを間近に見られる、貴重な存在である。

なお、内部を見学するには予約が必要で、ツアーに事前に登録する必要がある。

シンガポール総合病院近くにあり、チャイナタウンからも徒歩圏内。

チ ャイナタウンの南側に広がるタンジョンパガー地区のものは、カトン地区とは全く雰囲気が異なる。こちらは、街の中心部とあって、さまざまな店舗として使われているところが多く、賑やかな印象だ。歴史的建築物保存地区に指定されている。

こちらは装飾こそ少なめに感じるが、各店舗が少しでも目立たせようと、ビビットな外壁に塗られている家屋が多い。また、写真のように道路に沿って弧を描いて並ぶ場所があり、昔の高い建築技術を感じることができる。

なお、こうした店舗として利用する場合、2階の天窓を遮らない、景観を壊す看板を出さない、ファイブフットウォークウェイの歩行を妨げるものを置かないなど、改装に対して厳しい規定がある。

店舗として再利用されている
現役の建物が連なる。

カトン地区では、
プラナカン雑貨店も
色鮮やかな様式に。

左 記のカトン地区には、P.37で紹介したキムチュークエチャンをはじめ、プラナカン雑貨や菓子などを販売する店が数多く集まっている。これらは、自らの文化を伝える伝道師といえる存在として、他のショップハウスに比べてより華やかな装飾を施した外観が特徴。ペパーミントグリーンをベースに、鮮やかな色彩で細かな模様が描かれたタイルもはめ込まれ、女性ならずとも見とれてしまう美しさを誇っている。

見事なプラナカンタイルで飾られた
ひと続きの長屋を訪ねて。

リ トルインディア近くのペティンロードにあるこちらは、細かな模様が目を引くプラナカンタイルの見事さが魅力の場所。幾何学模様のように同じ絵柄のタイルが正面の外壁一面を覆い、イスラム教のモスクを思わせる偉容を放っている。さらに、ご覧いただけるだろうか、2階の天窓にはめ込まれた色ガラスや軒下の彫刻も花を添えている。他のショップハウスとは異なり、長屋全体がモスグリーンの外壁に統一されているのも特徴だ。周囲の高層ビルと対比した姿も見る価値がある。

夕日が差し込むと、陰影が生まれてより美しい姿となる。

キムチュークエチャンがある通りの華やかさは特筆ものだ。

Making heritage

095

遺産をより
価値のある存在へ。

ショップハウスというシンガポールを象徴する歴史的な建物を
いかに保存し、後世に伝えていくのか——。
一つの答えとして注目されるホテルがある。
私たちにとっても実にこの国らしい滞在体験ができる、
シックスセンスズマックスウェルシンガポールに宿をとり、
その魅力に迫ってみた。

ショップハウスといえば狭い先入観を抱
いていたが、最上階には細長く造られ
た屋外プールがあるのには驚いた。

この国を取材するにあたり、宿をどこにとるか——。これは、かなり大きな課題だった。シンガポールには世界的なホテルも数多くある。確かに機能性が高く快適で、デザイン性も豊かなことだろう。ラッフルズホテルに代表されるような、コロニアル建築を生かした歴史的なアコモデーションもシンガポールらしくていい。でも、もっと新しいトレンドはないのだろうか。とある知人がすすめたという「ショップハウスを改装した新しいホテルがある」と編集長が持ちかけてきた。答えは、もちろんイエスだ。

チャイナタウンの外れに建つこのホテルは、2018年4月にオープンした最新ホテルのひとつ。自然環境や地域社会との共生、サスティナビリティ、ウェルネス、デザインといったキーワードをコンセプトとした、シンガポール初上陸を果たした自然派の高級リゾートブランドだ。インクルーシブとなるドリンク用の水はガラス製の容器に入れられていて、ペットボトルの廃棄物を極力削減。ホテル

内にガーデンを設け、レストランなどで提供するハーブを育成。そこには料理の残飯を加工し肥料にして加えているという。こうしたエコな取り組みも特徴的である。

小ぢんまりとしたフロント抜けると、間口の狭い2階建てが特徴であるショップハウスをリノベーションしたという割には、通りに沿っ

1

て細長く横に続いている構造に誰もが驚くだろう。聞けば、数軒分の壁を貫き、横幅の広いホテルに仕上げたのだという。客室フロアとなる2階に上がると、かつての建物の2階部分に高さの差があったのだろうか、廊下の途中にわずかな段差がある。ショップハウス時代の名残だ。とはいえ、19世紀に

3

4

5

more valuable.

建てられた建造物を改装したとは到底思えないほどに、現代的なセンスが感じられる。

この改装を手がけたのは、フランス出身の建築家兼デザイナー。伝統と近代文化を融合させることをコンセプトにした肝心の客室には、彼のこだわりが詰まっていた。

全ての客室が造りもデザインも異なるのが

2

このホテルの特徴だが、確かに奥に細長い造りだったり、広々とした寝室だったりと、タイプごとの違いを見て回るのが楽しい。ある部屋の壁にはプラナカン文化を意識したようなカラフルなタペストリーがかけられ、また別のタイプはシックな色合いで統一されていたりと、雰囲気ががらりと変わる。ただ、東洋的なヒーリングアイテムが置かれて

いるのは全タイプ共通のこと。ストレスフリーな時間が過ごせるようにとの心配りだ。

1階は、ヨーロピアンスタイルのラウンジ＆バーやダイニングが並ぶパブリックスペース。なかでも目を引くのが、ラウンジ＆バーだ。イギリスの伝統的な図書館をイメージしたというだけに、天上まで本を並べた本棚が壁一面を覆うユニークな空間が広がっている。ワインやスピリッツを数多くそろえるこのスペースは、ハイセンスなシンガポール人も数多くビジター利用していた。

P.63で紹介する同年オープンの姉妹ホテル、シックスセンスズダクストンシンガポールのどちらかに泊まれば、両者が行っているオリジナルの体験メニューに参加できるのも特筆すべき魅力だ。マックスウェルでは市内のウオークツアーなどがあり、ダクストンでは中国の伝統医学に基づくコンサルテーションや中国茶を学ぶワークショップを開催。地域コミュニティとの連携も重視している。そう、ホテルに泊まることで、地域のユニークな文化にも触れられるのだ。

1_透き通った音を奏でるエナジーチャイムなどと名付けられた、全客室にあるヒーリングアイテム。2_プラナカンの影響を感じさせるタペストリー。3_外観はコロニアルな雰囲気も漂う。4_ビジターも数多く利用しているラウンジ＆バー。5_奥に細長いタイプのゲストルーム。

information

Six Senses
Maxwell Singapore
シックスセンスズマックスウェルシンガポール

https://www.sixsenses.com/en/hotels/maxwell

なぜ図書館を
イメージしたのか──。
その答えは分からない。

広報担当者に幾度も聞いたのだが、
図書館風にした答えはなかった。
でも、滞在中に幾夜も利用して、
理由が分かった気がした。
図書館は静謐であり、知性あふれる空間。
そんな雰囲気に包まれて会話を進め、
斬新な発想が生まれることを狙ったのか。

街の中心部にありながら
さりげなくリゾート感を
漂わせている。

この写真は、エントランスに飾られた
パナマ帽や水着のインテリア。
シティホテルと聞くと、
機能性を重視したように感じてしまう。
でも、こうしたアイテムを掲げ
ビーチリゾートにいるような
錯覚を覚えさせるアイデアなのか。

かつての面影を見たとき、
ゲストは愛着を感じ、深くくつろげる。

ホテル2階の廊下にある、わずかな段差をつなぐ階段。
隣り合うショップハウス時代の面影だ。
建物のバックボーンを知ったとき、
新築では感じられない温もりを抱いた。

06

洋の東西や新旧を
融合させたホテルでは
革新的な料理を模索。

前ページまでの姉妹ホテルとなる
シックスセンスズダクストンシンガポール。
ここには、「inovative cooking」を
モットーとする料理人が腕を振るう
コンテンポラリー中華レストランがある。
食材にもこだわった品々に秘められた
ホテルや料理人の想いを聞いた。

1

2

3

4

5

シックスセンスズダクストンシンガポールの1階にあるこのレストランは、ゲスト以外にも人気が高いという。食材などを保存するための中国伝統であるイエローポットがシンボリックに飾られた店内は、シックな色合いに統一され、黄色いポットが際立つようにデザインされているのが面白い。でも、やはり人気の理由は、斬新なアイデアで生み出された料理だ。

シンガポール出身であり、18年のキャリアを積んだシェフいわく、ここの料理は「古典的な中国料理をベースにモダンさを融合させたコンテンポラリーなスタイル」。まず目を引くのが、和や中国スタイルを感じさせる器だ。中国料理は一般的に白い器を使うことが多いが、ここでは土の風合いを感じるものを料理ごとにセレクト。料理界における

モダンさも、日々進化しているようだ。

使われる素材にも特徴がある。例えば下の魚料理は、スズキ科の魚であるバラマンディを使った中国風の蒸し物。この素材は、野菜から作られたエサを与えて養殖されたものを使うといった具合に、ホテルのコンセプトであるエコやサステイナブルを料理にも投影している。

多民族の文化が調和した国にある、新旧を融合させたホテル。そこでフュージョン料理を味わうのは感慨深いものがある。

information

Yellow Pot Restaurant
イエローポットレストラン

https://www.sixsenses.com/en/hotels/duxton/dining/yellow-pot-restaurant

6

1〜6_おすすめの料理の数々。 6_ホテルが独自に仕入れたバラマンディを使った蒸し物。臭みは全く感じられず、これなら魚料理が不得手の人でも箸が進むだろう。 3_口に運ぶと、これまでに経験したことのない独特の触感で、肉か魚を思わせた。聞けば、キヌガサダケだという。 4_ジンに菊の花や柚子の皮、唐辛子などを漬け込んだ、オリジナルのマティーニのようなユニークなドリンク。

097

こちらもショップハウスの価値を高めた
街の喧噪から隠れたリノベホテル。

ショップハウスが続く街並みに溶け込んでいく、一見すると、ホテルだとは気づかないかもしれない。イギリス人デザイナーが周囲と見事に調和させた、19世紀建造のショップハウスを改装したホテルだ。メゾネットタイプなど、多彩な客室があり、レトロ&モダンな空間が魅力となっている。

information

Six Senses Duxton Singapore
シックスセンスズダクストンシンガポール

https://www.sixsenses.com/en/hotels/duxton

098

これからの船の旅は、荷物フリーで市内観光を。

チャンギ国際空港に隣接してオープンしたジュエル（→P.20）に、クルーズカウンターがオープンしたという。ここでは、どのようなサービスが受けられるのだろうか。レベル1にあるチャンギラウンジがそれだというので、話を聞きに行ってみた。

このラウンジは、ソファでくつろげる有料のスペース。シャワーが利用できるほか、軽食コーナーやバーも楽しめるのだが、その一画にクルーズカウンターがある。日本などから空港に到着した場合、このラウンジで荷物を預ければ、乗船する船まで届けてくれるという優れたサービスが受けられるのだ。

これまでは、空港到着から乗船まで時間があっても、荷物を預ける場所がなければ市内を観光するのが難しかっただろう。帰りも同様に、下船から飛行機の搭乗までは、荷物があることで行動を制約されていた。

ただ、このサービスは現在、旅行会社などが団体客向けに受け付けているサービス。個人でフライ＆クルーズを楽しむトラベラーもこのサービスが利用できるようになる日が待ち遠しい。

information

Changi Lounge at Jewel
チャンギラウンジアットジュエル

https://www.jewelchangiairport.com/en/changi-lounge.html

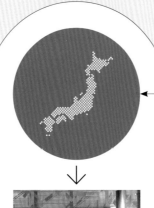

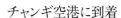

ジュエルで
ショッピング

乗船まで
市内観光

ジュエルで
ショッピング

搭乗まで
市内観光

Flow of Fly & Cruise in Singapore

出発時

・日本から空路シンガポールへ

これまで同様の流れで出国へ。ただ、現地到着後、観光する際に使うアイテムは手荷物に入れておくといい。

チャンギ空港に到着

ジュエルまでは徒歩、またはスカイトレインで向かう。いずれもキャリーバッグで楽に移動できるので安心だ。

ジュエル内のラウンジへ

・乗船チェックイン
・荷物を客船へ輸送

大きな荷物を預け、さらには乗船手続きを済ませることもできる。市内へのタクシーを予約することもできる。

帰国時

・各下船ターミナルからジュエルへ
・帰国便のチェックイン
・預ける荷物をドロップオフ

ジュエルのラウンジ前には、フライトのアーリーチェックインカウンターがあり、大きな荷物を預けることができる。

1

2

3

4

1_マリーナベイサンズの屋上から見たマリーナベイクルーズセンターシンガポール。 2_こちらがターミナルの内部。天上が高く、明るく開放的な空間が広がる。 3_船を模したような建物。 4_シンガポールクルーズセンターは客船とフェリーの乗船口が別の建物に分かれている。

information

Marina Bay Cruise Centre Singapore

マリーナベイ クルーズセンターシンガポール

https://mbccs.com.sg/

nformation

Singapore Cruise Centre

シンガポール クルーズセンター

http://www.singaporecruise.com.sg/

099

アジア、そして世界へ
旅する船を迎える
2つのクルーズターミナル。

シンガポールには、マリーナベイクルーズセンターシンガポールとシンガポールクルーズセンターという2つのクルーズターミナルがある。前者は比較的大型の船が利用することが多く、後者は規模こそ小さいが、飛鳥IIの世界一周クルーズなどが着岸するため、なじみのある読者も多いだろう。いずれも街の中心部に近く、この国ではクルーズ前後に市街観光を楽しむのが王道の旅スタイルとなっている。

マリーナベイのターミナルは2012年10月のオープンと比較的新しく、詳細を知らない読者もいるかもしれない。こちらは、現在運航しているどんな大型船も着岸できる規模を誇る。マリーナ湾までは車でわずか5分ほどで、ターミナルから歩いてすぐの場所にある地下鉄も利用できる。

シンガポールから始まる
進化系クルーズの世界
Evolutionary

かつてはアジアの港町の一つだったシンガポールは、
クルーズの発展とともに世界を代表するクルーズハブとして成長を遂げた。
日本からのフライ&クルーズも楽しみやすいシンガポール発クルーズに出掛けよう。

Cruising
from Singapore

Dream Cruise

ドリームクルーズ

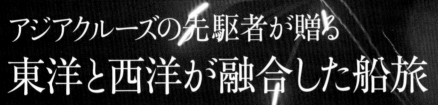

アジアクルーズの先駆者が贈る

東洋と西洋が融合した船旅

1993年にスタークルーズとしてシンガポールを拠点に設立、四半世紀以上にわたり
アジアのクルーズを牽引してきたゲンティンクルーズライン。
同社が運営するドリームクルーズの客船ゲンティン ドリームの魅力とは？

写真=大橋マサヒロ　文=島津奈美
photo by Masahiro Ohashi　text by Nami Shimazu

3泊以上のクルーズでは花火が
上がり、ゲンティン ドリームの
夜は最高潮に盛り上がる。

「パレス」の中心となる専用ラウンジ。吹き抜けの空間に贅沢な雰囲気が漂っている。

パレスの専用レストランで優雅にいただくアフタヌーンティー。スコーンやケーキなどがサービスされる。

1

カジュアルなクルーズスタイルでアジアの人々を引き付けてきた前身のスタークルーズからの飛躍。2016年にデビューしたドリームクルーズの客船ゲンティン ドリームは驚きの登場だった。大海原の旅をさらに贅沢に、優雅に——約150室のスイート客室の専用エリア「パレス」も誕生。専用プール、ラウンジ、レストランなどがあり、24時間対応のバトラー付き。「パレス」の宿泊客にはオールインクルーシブ制も導入され、スペシャリティレストランのディナーまたはランチが1日1カ所無料、バーやラウンジで使えるプレミアムドリンクパッケージが付き、プールサイドでのBBQディナー、パレスカクテルパーティーへの招待、パレス専用キッズプログラムWi-Fiの標準パッケージなど多くの特典が含まれ、至れり尽くせりのサービス。専用プールで海を眺めながら、バトラーに好きな飲み物を頼んで赤道直下のバカンス。夢のひとときがかなう客船だ。

洋上の隠れ家「パレス」で大人のバケーション

2

3

4

1_「パレス」の専用プール。利用者限定で、白いデッキチェアが美しく並び、ゆったり優雅に過ごせる。
2_フロア面積は約224㎡と広い「パレス ヴィラ」のベッドルーム。

3_「パレス ペントハウス」のリビングルーム。調度品も上質で、ゆったりと過ごせる。 4_「パレス ヴィラ」の2階建ての専用テラス。ジャクジーを独り占めできる。

5_高級感にあふれる「パレス ヴィラ」のダイニングルーム。グランドピアノまである。 6_「パレス」の専用ラウンジでサービスするバトラー。24時間対応の心地良いサービスが受けられる。 7_「パレス ヴィラ」の豪華なバスルーム。「パレス」の客室にはバスタブが標準装備だ。

5

6

7

本格的な中華料理が楽しめる「シルクロードチャイニーズレストラン」。

インテリアもすてきな「シーフードグリル＆プライムステーキハウスbyマーク・ベスト」。

北京ダックをはじめ、こだわりの中国料理が味わえる「シルクロード」。

1_家族や仲間と楽しみたい屋台風のレストラン「ブルーラグーン」。2_「シーフードグリル&プライムステーキハウス by マーク・ベスト」の料理。3_スムージーやベジタリアン生春巻きなど、ヘルシーメニューが充実したスパ併設のカフェ。

中華からスパメニューまで多彩な味を

　ゲンティン ドリームのレストランはほかの外国船と一味違う。最も違いを感じるのは、中華のレストランがあることだろう。中華はメインダイニングでも出されるほか、高級中国料理の「シルクロード」もある。そのレストランの数は多様なジャンルで計35カ所もあり、世界中の食が集まったシンガポールの街のように多彩な味を洋上で楽しめる。中でも外せないのはオーストラリアの有名シェフ、マーク・ベストが監修した「シーフードグリル&プライムステーキハウス byマーク・ベスト」で、代表的なメニューは新鮮なロブスターやジューシーなステーキ。スタークルーズ時代から引き継がれるレストラン「ブルーラグーン」は、陸に下りずにアジア各地のグルメが楽しめてしまう。健康志向の女性には、果物や野菜を使ったメニューが充実したスパ併設のカフェ「クリスタルライフ キュイジーヌ」も人気だ。一度のクルーズでは網羅できないほど多彩な食の世界を体験してみよう。

4_チャイナドレスのスタッフがサービスしてくれる中華の「シルクロード」。5_「ブルーラグーン」のスタッフたちが自慢のメニューを案内してくれた。6_ビュッフェの「リド」は、インド料理やアジア料理も充実した多彩なメニューが自慢。

ゾディアックシアターでは、最新鋭のLEDを使ったオリジナルのステージが展開される。

珍しいワインもそろっているバー「ペンフォールズワインボルト」。

「バージティー」で、バーテンダーのオリジナルカクテルを味わってみたい。

ドリームならではの心が華やぐ夜

この船は、夜になると一段と熱気が高まる。ある日のゾディアックシアターでは、LEDで演出したオリジナルショーの迫力に驚いた。撮影のカメラマンも「この船は照明が最新で、ショーがきれいに撮れるんだよね」と喜んでいた。ショー鑑賞の後はバーへ。この船のバーエリアの名前は「バーシティー」。壁に泡をモチーフにした内装が印象的なシャンパンバーの「バブルス」、洋上初の「ジョニーウォーカーハウス」など、テーマの異なるお酒が楽しめる。お酒を持ってバーを行き来したり、テラスに出たりするのも自由で、好みのスタイルでバー巡りを。3層吹き抜けの「バー360」は中央のステージでアクロバティックショーや音楽演奏などが行われ、船の象徴的な空間の一つだ。

1_バーの集まる「バーシティー」で、好きなドリンクを片手に夜を楽しみたい。2_ウイスキーバーの「ジョニーウォーカーハウス」は洋上初出店。3_「ヒュミドール」では、シガーやお酒とともにゆったりした時間を。4_音楽演奏やアクロバティックショーも行われる「バー360」。

4

1

1_こんなかわいらしい椅子が船旅を演出。ユニークなインテリアを探すのも船上の楽しみに。 2_カーペットの柄で、船首と船尾の方向がさりげなくわかるようになっている。3_階段に描かれた色鮮やかなアートが、心弾むクルーズを演出してくれる。

2

Ship Data

Genting Dream
ゲンティン ドリーム

運行会社：ドリームクルーズ
総トン数：15万695トン
全長／全幅：335／40メートル
乗客定員／乗組員数：3,376／1,686人
就航年：2016年
問い合わせ：ゲンティンクルーズライン
https://www.dreamcruises.jp

3

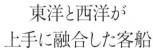

5

4_スタークルーズ時代から大活躍のベテランキャプテン、マグナス・ゴッテンバーグ氏。5_ウオータースライダーなどもあり子ども向け施設も充実しているので、ファミリーの旅にも。 6_二つのスパにはサウナやヴァイタリティープールを備えている。7_グループ会社のブランド名を冠した「クリスタルライフ スパ」で、上質なスパ体験を。8_フットマッサージが受けられる「クリスタルライフ アジアンスパ」。

東洋と西洋が
上手に融合した客船

クルーズという場で西洋と東洋を素敵に融合させたドリームクルーズ。スパは西洋スタイルだけでなく東洋流のフットマッサージが受けられ、専用の部屋も。世界から集まった25カ国の多国籍のスタッフが提供するサービスはアジアンホスピタリティーを体現。スタークルーズ時代から25年以上勤務しているキャプテンはじめ、長年経験を積んできたスタッフも多く、快適性、信頼性の高いドイツ製の客船にも安心感がある。2021年には同社の20万トン級の新クラス「グローバルクラス」第1船がデビュー予定。ドリームクルーズ船上で、アジアの新しい夢の船旅に触れてみよう。

6

7

8

DREAM CRUISES

ゲンティン ドリーム

船内専用エリア「パレス」・
シンガポール航空
往復ビジネスクラス席で寛ぐ

マレーシア・タイ クルーズ8日間

写真はイメージです

Point! クルーズのポイント

① ゲンティン ドリームの中でも最上級のプライベート空間を追求した「THE PALACE」のパレススイート客室利用

② クルーズならではのアイランドホッピング（島巡り）！ 東南アジアの名だたるビーチリゾートへ寄港

③ クルーズ乗船経験のある添乗員が、大阪発着全行程同行いたします

④ 日本発着のフライトは、シンガポール航空／往復ビジネスクラス席を利用

その他、JTBクルーズで行く船旅のポイントや安心のサービスが充実、ぜひパンフレットをご請求ください。

2020年7月25日／10月3日発

日次	スケジュール	
1 (土)	【23:25〜23:30】大阪（関空）発 ✈ 直行便（ビジネスクラス利用）にてシンガポールへ	【機中泊】
2 (日)	【4:40〜9:30】シンガポール（シンガポール）着 🚌 その後クルーズターミナルへ 【午後】ゲンティン ドリームに乗船 【夕方】シンガポール出港	【船中泊】
3 (月)	ペナン島（マレーシア）寄港 自由行動 船OP	【船中泊】
4 (火)	プーケット島（タイ）寄港 自由行動 船OP	【船中泊】
5 (水)	ランカウイ島（マレーシア）寄港 自由行動 船OP	【船中泊】
6 (木)	ポートクラン／クアラルンプール（マレーシア）寄港 自由行動 船OP	【船中泊】
7 (金)	【午後】シンガポール（シンガポール）入港 下船後、🚌 市内へ 自由行動 【夜】再集合後、✈ 空港へ	【機中泊】
8 (土)	【1:25〜1:30】シンガポール発 ✈ 直行便（ビジネスクラス利用）にて帰国の途へ 【8:45〜9:05】大阪（関空）着	

※寄港地・上陸地は天候などの理由により、変更または抜港となる場合があります。　※船OPは船会社が代理販売するオプショナルツアー（別料金、お申し込みは乗船後）　※東京（羽田）発着の設定もございます。詳しくはお問合せください。

| 旅行代金 | 7/25発 **698,000円** | 10/3発 **598,000円** | 大人お一人様：2名1室ご利用時 |

※燃油サーチャージは旅行代金に含みます。　※空港諸税、国際観光旅客税、チップは別途必要となります。　※1名様1室利用はお受けできません。3・4名様1室利用はリクエスト対応となります。詳しくはお問い合わせください。

4月以降発売予定 リーズナブルなプランもご用意！ たった6日間で、憧れの船旅へ。

航空券（燃油サーチャージ含む）、宿泊、お食事、船内アクティビティなど含まれて、ご旅行代金は破格の10万円代から！

2020年6月〜11月出発

Aコース	シンガポール〜ランカウイ島〜プーケット島〜シンガポール
Bコース	シンガポール〜ペナン島〜プーケット島〜シンガポール
Cコース	シンガポール〜ペナン島〜ランカウイ島〜シンガポール

ぜひ下記からお問い合わせください

JTBホームページ

Point!

① 2名様以上のお申込み（予約確定）で催行決定確約。ご旅行の予定が立てやすいです。

② 客室タイプを選べるプラン

③ 上記ツアー同様、アイランドホッピング（島巡り）！東南アジアの名だたるビーチリゾートへ寄港

④ 日本発着は、シンガポール航空指定直行便利用

⑤ 添乗員は同行しませんが、出発前に日本語クルーズガイドをお渡し。また乗船・下船地のシンガポールの空港⇔港送迎は日本語係員がサポート。初めての船旅でもお楽しみいただけること間違いなし。

お問い合わせ・お申込み
旅行企画・実施　株式会社JTB

JTBクルーズ本店

〒141-0021 東京都品川区上大崎2-24-9 アイケイビル3階

☎ **0120-002-473**

受付時間 10:00〜18:00（土日・祝日・振替休日・年末年始12/30〜1/3を除く）

JTB 感動のそばに、いつも。

Royal Caribbean International

ロイヤルカリビアンインターナショナル

インストラクターの指導を受けながらスカイダイビング体験ができる「リップコード・バイ・アイフライ」。

"洋上初"を体感できる
近未来的クルーズ

常識を超えた、夢の世界が船上で実現。
クルーズに「洋上初」を次々に登場させている
ロイヤルカリビアンインターナショナル。
近未来都市シンガポールに似合う、近未来的客船へ。

文=島津奈美
text by Nami Shimazu photo by Royal Caribbean International

海上90mの高さまで移動する
展望カプセル「ノーススター」は、
クァンタムクラスの目玉の一つ。

1

2

3

クァンタムオブザシーズの船旅は心躍る体験に満ちている。乗船してすぐ、アクティビティやショーの予約を入れた。展望カプセルの「ノーススター」や、スカイダイビングの「アイフライ」を体験できると思うと、ワクワク感で幸せな気持ちになった。ラウンジ「トゥセブンティ」でのショーはレベルの高いダンサーとプロジェクションマッピング、ロボットスクリーンが織り成す、新次元のエンターテインメント。大人気のこのショーは予約必須で、乗船中数回行われるが、毎回満席になるという。

プライベート空間もクルーズでは大切。クァンタムクラスにはあらゆるニーズに対応した客室がある。ちょっとした特別感を味わいたいならスイートクラスがおすすめだ。スイート専用ダイニング（コースタルキッチン）やスイート専用ラウンジの利用、インターネットが無料で使えるなど、多くの特典がある。グランドロフトスイート以上になれ

洗練と進化を楽しむクァンタムオブザシーズ

1_プロジェクションマッピングと6基のロボットスクリーンでショーを繰り広げるラウンジ「トゥセブンティ」。 2_スイート客室専用レストラン「コースタルキッチン」の料理。 3_お洒落な内装のメインダイニング「シック」。 4_人気シェフ ジェイミー・オリバー監修の「ジェイミーズイタリアン」。 5_個性的な料理が魅力のスペシャリティレストラン「ワンダーランド」。

4

5

6

ば、バトラーも利用できる。進化型客船でさらに快適に過ごせるだろう。

メインダイニングも他のクラスの客船とは違い、個性豊かなダイニングが4つあり、どこもお洒落で雰囲気が良かった。スペシャリティレストラン「ワンダーランド」や「ジェイミーズイタリアン」も満足度が高い。食後はロボットバーテンダーのいるバイオニックバーで一杯。近未来の街を旅しているような気分の客船だ。

7

6_客室は152.3㎡、バルコニー51.3㎡の2階建て客室「ロイヤルロフトスイート」。7_ロイヤルカリビアンのリピーター会員、ダイヤモンド以上の会員専用ラウンジ。8_大人専用でくつろげるプールエリア、ソラリウム。9_2基のバーテンダーロボットが活躍するバイオニックバー。10_体育館のように広いシー・プレックスで楽しむバンパー・カー。

9

10

8

Ship Data

Quantum of the Seas
クァンタムオブザシーズ

運行会社：ロイヤルカリビアンインターナショナル
総トン数：168,666トン
全長／全幅：348／41メートル
乗客定員／乗組員数：4180／1500名
就航年：2014年
問い合わせ：株式会社ミキ・ツーリスト
https://www.royalcaribbean.jp

1

ファミリーにも最適な
ボイジャーオブザシーズ

1_船尾から見たボイジャーオブザシーズ。ウォーター
スライダーが加わり、ファミリークルーズにもます
ます魅力的に。 2_スパエリアも改装され、ゆとり
ある空間に。 3_レーザー銃を使ったサバイバルゲー
ム。2チームにわかれて楽しく遊べる「レーザータ
グ」。 4_アイススケートリンクがあり、スケートがで
きるほか、スケートショーも開催。 5_ロイヤルプロ
ムナードは洋上の街のよう。

日本発着クルーズの実績もあり、日本人に親しまれているボイジャーオブザシーズが2019年、改修プログラム「ロイヤル・アンプリファイド」により約100億円をかけ改装を行った。新たに加わったのが、双子のレーザー型ウォータースライダー「パーフェクト・ストーム」や、レーザー銃を使って遊ぶ「レーザータグ 惑星 Zの戦い」など。内側客室とバルコニー客室は 72室を新たに追加し、バイタリティスパとフィットネスセンターを改装、キッズルームもデザインを変更した。アイススケートリンクやロッククライミングなどを備えた、多彩に遊べる客船がさらにバージョンアップ。シンガポールへのフライ＆クルーズに参加する日本人は年々増えているそうで、大人から子どもまで幅広い年代で楽しめるロイヤルカリビアンはファミリーの旅の選択肢としておすすめだ。

2

Ship Data

Voyager of the Seas
ボイジャーオブザシーズ

総トン数：139,863トン
全長／全幅：335／48メートル
乗客定員／乗組員数：3,344／1,200人
就航／改装年：1994／2019年
問い合わせ：ミキ・ツーリスト
https://www.royalcaribbean.jp

3

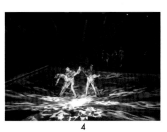

4

5

体験リポート・ボイジャーオブザシーズ

ファミリーで楽しんだ
シンガポール発着のリゾートクルーズ

船上も寄港地も初めてと感動が満載のファミリークルーズ。
2019年にGWを利用して3泊4日クルーズに父、母、娘で乗船した南川さん家族のリポート。

text by Manami Minamikawa

子ども向けの施設がたくさんあって楽しそうと、GWにボイジャーオブザシーズに乗船しました。もうすぐ4歳になる小さな娘が一緒なので、直行便のあるシンガポールは理想的です。乗船前には、ガーデンズバイザベイやジュエルなど、話題のスポットを観光しました。

娘は海外でのクルーズは初めて。乗客はほとんどがファミリーやグループで、船上はいつもにぎやかです。カジュアルな雰囲気なので親子で安心して乗れる環境。スタッフも子どもにとてもフレンドリーです。船上では主にプールやジャクジーを楽しみました。セルフ

のアイスクリームスタンドもあって、1日中プールサイドでのんびり過ごせました。父は「サーフライダー」という船上のボディボードに挑戦! 思ったよりも上手にできて家族も大喜びです。次の日はアイススケートショーを見て大興奮! 楽しい遊びが満載なので、3泊4日では遊び尽くすのが大変なほどでした。

夜にドレスアップして出掛けるのも娘のお楽しみで、ディナーは毎晩、豪華な吹き抜けのメインダイニングへ行きました。「ハロー、リトルプリンセス」とスタッフが娘に話しかけてくれるのでご機嫌です。とてもうれしかったようで「私

のこと、プリンセスって呼んでくれたよね♡」と今でも時々思い出しています。メイン料理からデザートまで料理もどれもおいしく、父と母はワインを楽しみました。

寄港地はビンタン島へ。遠浅のビーチはファミリーにぴったりです。南の島で日常から解放され、すっかりリフレッシュ。外国情緒あふれる海外クルーズは子どもにとってもよい経験でした。娘は今回の旅行で海外の文化にも興味を持った様子。次に乗ったらウォータースライダーをしてみたいとのことで、再乗船計画も楽しみです。

1_3層吹き抜けのあるメインダイニング。コース料理でも子どものペースに合わせて料理を運んで来てくれます。 2_海水のプールを楽しむ父と娘。ジャクジーも大好きで、世界各国から来た人と会話も楽しみました。 3_寄港地のビンタン島では、現地のシャトルバスでオープンビーチのあるラゴイベイへ。青い空と透明度の高い海で南国気分を満喫。 4_サーフィンやボディボードを楽しめる施設「フローライダー」。陽気なスタッフが乗り方を教えてくれるので、初めてだったけれど上手にできました。

Celebrity Cruises

セレブリティクルーズ

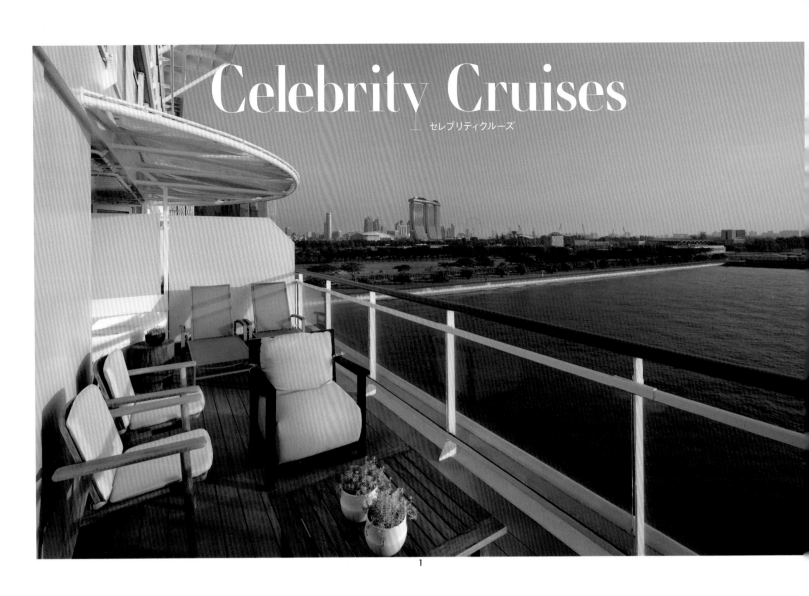

1

2

3

スタイリッシュなデザインも魅力の 美と癒やしのクルーズ

モダンなデザインの船内で上質なクルーズを提供し、
感度の高い船旅ファンにも好評のセレブリティクルーズ。
近年大改装が行われ、アップデートされた
「セレブリティミレニアム」を例に魅力を紹介しよう。

text by Nami Shimazu, photo by Celebrity Cruises

1989年にギリシャ系の海運会社によって創業、スタイリッシュな空間、五感を満足させるような美食など「モダンラグジュアリー」をコンセプトにした船旅が好評のセレブリティクルーズ。アジアエリアにも配船され乗船できる機会も増えている。昨年の大改装プログラムにより、生まれ変わった「セレブリティミレニアム」はアジアに来ることの多い客船だ。スイート専用の屋外エリア「ザ・リトリートサンデッキ」が新設、また専用ラウンジ「ザ・リトリート」がリニューアルされるなど、スイートクラスのサービスも拡充。白を基調にしたメインダイニングでは、ミシュラン三ツ星レストラン出身シェフのコーネリアス・ギャラガー監修の料理が味わえる。健康と美をテーマにした客室「アクアクラス」は専用レストランもあり、女性のお客様に特に人気だ。アロマスチームサウナ「ペルシャンガーデン」(有料)のあるスパも注目度が高く、アクアクラスに滞在の乗客は無料で使える。有名デザイナーが参加しデザインされたモダンで美しい船内は、船旅気分を大いに盛り上げてくれる。

4

5

6

7

1_ロイヤルスイートのバルコニーからシンガポールの街並みを眺めて。2_2層吹き抜けのメインダイニングは白を基調にした空間。3_落ち着いた雰囲気のランデブーラウンジ。4_スイート専用の屋外デッキ「ザ・リトリートサンデッキ」にはジャクジーもある。5_スイート専用ラウンジ「ザ・リトリート」はお洒落な雰囲気。6_サウナも何種類かあり、健康志向の人にもうれしいスパ。7_屋外で映画やイベントを楽しめるルーフトップテラス。8_ビュッフェレストランのオーシャンビューカフェ。9_スイートクラス専用のレストラン「ルミナ」は、"世界の食を旅する"がテーマ。

「モダンラグジュアリー」の空間を楽しむ

8

9

Ship Data

Celebrity Millennium
セレブリティミレニアム

運行会社：セレブリティクルーズ
総トン数：90,940トン
全長／全幅：294／32メートル
乗客定員／乗組員数：2218／1024名
就航年：2000／2019年
問い合わせ：ミキ・ツーリスト
https://www.celebritycruises.jp

シンガポール発・着クルーズインデックス

2020年〜2021年にかけて予定されるシンガポール発・着のクルーズをピックアップ。
発着地のシンガポール観光も組み合わせ、変わりゆくアジアを旅しよう。

Celebrity Cruises
セレブリティクルーズ

Celebrity Eclipse | セレブリティイクリプス

■2020/10/27,11/10発 14泊 ▶シンガポール〜チャンメイ〜ニャチャン〜フーミー〜サムイ島〜レムチャバン〜シンガポール

Celebrity Millennium | セレブリティミレニアム

■2020/12/6発 14泊 ▶シンガポール〜フーミー〜ニャチャン〜チャンメイ〜プエルトプリンセサ〜ボラカイ島〜マニラ〜香港
■2021/1/3,31,2/28発 14泊 ▶シンガポール〜レムチャバン〜フーミー〜チャンメイ〜ハロン湾〜香港

Costa Cruises
コスタクルーズ

Costa Mediterranea | コスタメディタラニア

■2020/11/14,28,12/12,26,2021/1/9,23,2/6,20,3/6,20,4/3発 7泊 ▶シンガポール〜サムイ島〜レムチャバン〜シアヌークビル〜シンガポール
■2020/11/21,12/5,19,2021/1/2,16,30,2/13,27,3/13,27泊 7泊 ▶シンガポール〜ランカウイ〜プーケット〜ペナン〜ポートクラン〜シンガポール

Crystal Cruises
クリスタルクルーズ

Crystal Symphony | クリスタルシンフォニー

■2020/4/23発 31泊 ▶シンガポール〜ポートクラン〜ペナン〜コロンボ〜モルムガオ〜ムンバイ〜アブダビ〜ドバイ〜マスカット〜サララ〜アカバ〜ソレント〜チビタベッキア
■2020/11/8発 29泊 ▶ドバイ〜ドーハ〜マナーマ〜アブダビ〜マスカット〜ムンバイ〜コーチン〜コロンボ〜ヤンゴン〜プーケット〜ペナン〜ポートクラン〜シンガポール
■2020/12/7発 15泊 ▶シンガポール〜サムイ島〜レムチャバン〜シアヌークビル〜フーミー〜チャンメイ〜ハロン湾〜香港

Cunard
キュナード

Queen Elizabeth | クイーンエリザベス

■2020/11/1発 7泊 ▶香港〜チャンメイ〜フーミー〜シンガポール
■2020/11/8発 17泊 ▶シンガポール〜ジャカルタ〜ベノア〜ダーウィン〜エアリービーチ〜ブリスベン〜シドニー〜メルボルン

Queen Mary 2 | クイーンメリー2

■2121/3/10発 7泊 ▶香港〜チャンメイ〜フーミー〜シンガポール

Queen Victoria | クイーンヴィクトリア

■2021/2/28発 25泊 ▶シドニー〜ブリスベン〜エアリービーチ〜ダーウィン〜ベノア〜フーミー〜ニャチャン〜香港〜シンガポール

Dream Cruises
ドリームクルーズ

Genting Dream | ゲンティンドリーム

■2020/4/5,5/31,6/28,8/2,9/27,10/25,11/8 3泊 ▶シンガポール〜ランカウイ〜プーケット〜シンガポール
■2020/4/19,5/17,7/19,8/16,9/20,10/11,11/15 3泊 ▶シンガポール〜ペナン〜ランカウイ〜シンガポール
■2020/4/26,5/10,24,6/14,21,7/5,12,8/7,23,9/13,10/18,11/1 3泊 ▶シンガポール〜ランカウイ〜プーケット〜シンガポール

Holland America Line
ホーランドアメリカライン

Maasdam | マースダム

■2021/1/24発 20泊 ▶シンガポール〜マラッカ〜ペナン〜プーケット〜トリンコマリー〜ハンバントータ〜マレ〜ユーティーミュー〜コロンボ〜ランカウイ〜ポートクラン〜シンガポール
■2021/2/13発 19泊 ▶シンガポール〜ビントゥル〜プエルトプリンセサ〜コロン〜ジャヤプラ〜マダン〜アロタウ〜コンフリクトグループ〜シドニー

Noordam | ノールダム

■2020/11/23発 14泊 ▶シンガポール〜サムイ島〜レムチャバン〜シアヌークビル〜ニャチャン〜チャンメイ〜フーミー〜シンガポール
■2020/12/20発 15泊 ▶シンガポール〜サムイ島〜レムチャバン〜シアヌークビル〜フーミー〜ニャチャン〜チャンメイ〜ハロン湾〜香港

Norwegian Cruise Line
ノルウェージャンクルーズライン

Norwegian Spirit | ノルウェージャンスピリット

■2021/1/4発 11泊 ▶シンガポール〜プーケット〜ヤンゴン〜ランカウイ〜ポートクラン〜シンガポール
■2021/1/15発 15泊 ▶シンガポール〜ジャカルタ〜スマラン〜スラバヤ〜ベノア〜チェルカンパワン〜ペナン〜サバン〜プーケット〜ポートクラン〜シンガポール
■2021/1/30,2/28発 12泊 ▶シンガポール〜レムチャバン〜シアヌークビル〜フーミー〜ニャチャン〜チャンメイ〜ハロン湾〜香港

Oceania Cruises
オーシャニアクルーズ

Nautica | ノーティカ

■2020/5/1発 18泊 ▶シンガポール〜ポートクラン〜ペナン〜プーケット〜ヤンゴン〜コチ〜マンガロール〜マルマガオ〜ムンバイ〜ドバイ

Regatta | レガッタ

■2020/10/26発 16泊 ▶東京〜清水〜神戸〜那覇〜石垣島〜基隆〜香港〜チャンメイ〜フーミー〜シンガポール
■2020/11/11発 20泊 ▶シンガポール〜スマラン〜スラバヤ〜チェルカンパワン〜ベノア〜コモド島〜ダーウィン〜木曜島〜ケアンズ〜アーリービーチ〜ムールラバ〜ブリスベン〜シドニー

Princess Cruises
プリンセスクルーズ

Grand Princess | グランドプリンセス

■2020/12/10発 7泊 ▶シンガポール〜サムイ島〜レムチャバン〜フーミー〜シンガポール

Regal Princess | リーガルプリンセス

■2020/11/14発 18泊 ▶シンガポール〜サムイ島〜レムチャバン〜ダーウィン〜ポートダグラス〜ブリスベン〜シドニー

Sea Princess | シープリンセス

■2020/10/23発 17泊 ▶シンガポール〜プーケット〜ランカウイ〜ペナン〜ポートクラン〜ベノア〜フリーマントル〜マーガレットリバー〜アルバニー〜アデレード

Ponant
ポナン

Le Bellot | ルベロ

■2020/11/10発 13泊 ▶コロンボ〜ガル〜トリンコマリー〜チェンナイ〜コロックノック〜パンガー湾〜ペナン〜マラッカ〜シンガポール

Le Laperouse | ルラペルーズ

■2020/11/28発 9泊 ▶シンガポール〜マラッカ〜ポートクラン〜ペナン〜コロックノック〜パンガー湾〜ヤンゴン

Royal Caribbean International
ロイヤルカリビアンインターナショナル

Quantum of the Seas | クァンタムオブザシーズ

■2020/4/17,11/5,10/12/5,18,23発 5泊 ▶シンガポール〜ポートクラン〜ペナン〜プーケット〜シンガポール
■2020/4/22発 4泊 ▶シンガポール〜ポートクラン〜ペナン〜シンガポール
■2020/4/26発 4泊 ▶シンガポール〜プーケット〜シンガポール
■2020/10/19発9泊 ▶シンガポール〜マラッカ〜ペナン〜プーケット〜ポートクラン〜シンガポール
■2020/10/28,11/1,15,19,12/10発 4泊 ▶シンガポール〜ペナン〜プーケット〜シンガポール
■2020/11/23,12/14発 4泊 ▶シンガポール〜ポートクラン〜ペナン〜シンガポール ※12/14は寄港順が異なります。ペナン〜ポートクラン
■2020/11/27,12/28発 5泊 ▶シンガポール〜マラッカ〜ペナン〜プーケット〜シンガポール
■2020/12/2発 3泊 ▶シンガポール〜ポートクラン〜マラッカ〜シンガポール

Radiance of the Seas | レディアンスオブザシーズ

■2020/9/20発 10泊 ▶横浜〜大阪〜神戸〜鹿児島〜香港〜シンガポール

Voyager of the Seas | ボイジャーオブザシーズ

■2020/5/3発 5泊 ▶シンガポール〜ペナン〜ランカウイ〜プーケット〜シンガポール
■2020/5/8,15,22,29,6/5,12発 3泊 ▶シンガポール〜ペナン〜シンガポール
■2020/5/11,18,6/1,8発 4泊 ▶シンガポール〜ポートクラン〜プーケット〜シンガポール
■2020/6/15,19発 4泊 ▶シンガポール〜ペナン〜プーケット〜シンガポール

RegentSeven Seas Cruises
リージェントセブンシーズクルーズ

Seven Seas Explorer | セブンシーズエクスプローラー

■2020/11/28発 22泊 ▶ドバイ〜フジャイラ〜ムンバイ〜モーミューガオ〜マンガロール〜コチ〜コロンボ〜ヤンゴン〜プーケット〜ペナン〜ポートクラン〜シンガポール
■2020/12/20発 17泊 ▶シンガポール〜セマラン〜スラバヤ〜ベノア〜コモド島〜ダーウィン〜クックタウン〜ケアンズ〜エアリービーチ〜ブリスベン〜シドニー

Silversea Cruises
シルバーシークルーズ

Silver Muse | シルバーミューズ

■2021/3/9 13泊 ▶シンガポール〜クット島〜レムチャバン〜フーミー〜チャンメイ〜香港

Silver Spirit | シルバースピリット

■2020/12/19発 16泊 ▶シンガポール〜クット島〜レムチャバン〜シアヌークビル〜フーミー〜ニャチャン〜チャンメイ〜ハロン湾〜香港

Silver Whisper | シルバーウィスパー

■2021/3/21 18泊 ▶東京〜鹿児島〜上海〜香港〜フーミー〜シンガポール

Seabourn Cruise Line
シーボーンクルーズライン

Seabourn Encore | シーボーンアンコール

■2020/11/25発 10泊 ▶シンガポール〜セマラン〜スラバヤ〜セルカンパワング〜プロボリンゴ〜コモド島〜ベノア

Seabourn Ovation | シーボーンオベーション

■2020/12/20,2021/1/17発 14泊 ▶シンガポール〜レムチャバン〜クット島〜シアヌークビル〜フーミー〜チャンメイ〜ハロン湾〜香港
■2021/1/17,28泊 ▶シンガポール〜レムチャバン〜クット島〜シアヌークビル〜フーミー〜チャンメイ〜ハロン湾〜香港〜廈門〜ハンドレッドアイランズ〜マニラ〜コロン〜プエルトプリンセサ〜コタキナバル〜シンガポール

※情報は2月15日現在のものです。2020年、アジアでスケジュールの変更が多く見込まれるため、最新情報は各船会社にお問い合わせください。

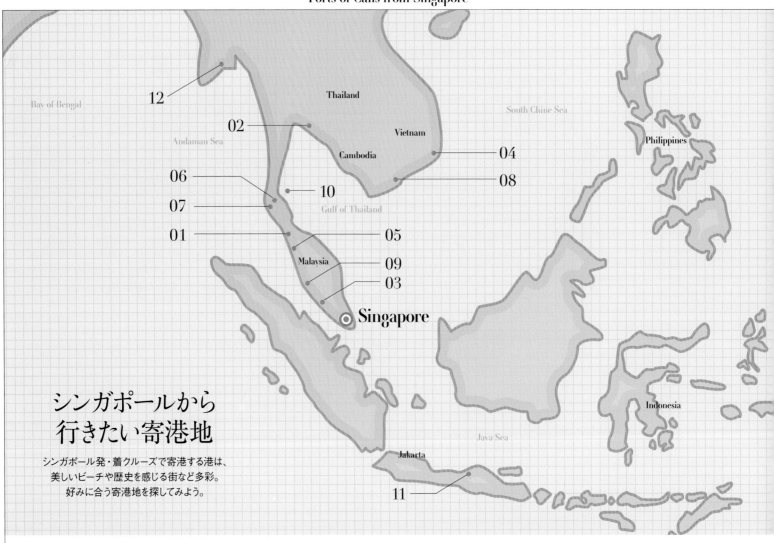

Bay of Bengal

Andaman Sea

Thailand

South China Sea

Vietnam

Cambodia

Philippines

12

02

04

06

08

10

07

Gulf of Thailand

01

05

Malaysia

09

03

Singapore

Java Sea

Jakarta

Indonesia

11

シンガポールから行きたい寄港地

シンガポール発・着クルーズで寄港する港は、
美しいビーチや歴史を感じる街など多彩。
好みに合う寄港地を探してみよう。

01 Langkawi ランカウイ島／マレーシア

photo by Tourism Malaysia

マレー半島西海岸のアンダマン海に浮かぶランカウイ島は、太古の森とエメラルドの海に囲まれた島。2006年にはその貴重な地質が評価を受け、ユネスコの世界ジオパークに登録され、自然と海との調和を感じる島。島全体が免税としても知られる。

02 Laem Chabang レムチャバン／タイ

photo by Tourism Authority of Thailand

レムチャバン港はバンコクの南約130kmに位置するタイ国の代表的な港。有名なパタヤビーチは車で1時間程度。そのほか、マリンスポーツが盛んなジョムティエンビーチや、静かで風光明媚なワットヤーナサンワララームなどの寺院もおすすめ。

03 Melaka マラッカ／マレーシア

photo by Tourism Malaysia

マレーシア半島西岸にあるマレーシア最古の都市。15世紀にマレー王朝の都と定められて以来、貿易基地として栄えてきた。ポルトガル、オランダ、イギリスに支配された歴史を持ち、その変遷を物語る遺跡を街中で発見できる。

04 Nha Trang ニャチャン／ベトナム

photo by Aleksandr Zykov

ベトナム南部のニャチャンは、美しいビーチがあり、その周辺にラグジュアリーなホテルやショッピング、グルメスポットなどが集まっている。フランス領時代にリゾート地として発展してきた歴史があり、現在もその面影を残している。

05 Penang ペナン島／マレーシア

photo by Tourism Malaysia

「東洋の真珠」と称されるマレーシア屈指のリゾート島で、エメラルド色の海が魅力。ジョージタウンは18世紀後半から東インド会社の貿易の拠点として繁栄。コロニアル風の教会や寺院、街並みには多民族のカルチャーが感じられる。

06 Phang-nga パンガー湾／タイ

photo by Carrie Kellenberger

大小約160もの島々が浮かび、海上に突き出たさまざまな形の奇岩や洞窟で有名なパンガー湾。人気スポットは、映画「007／黄金銃を持つ男」のロケが行われた、ジェームズ・ボンド島（タプー島）。島々を巡るツアーが数多く催行されている。

07 Phuket プーケット／タイ

タイ南部のアンダマン海に面するタイ最大の島で、「アンダマン海の真珠」とたとえられる世界有数のリゾート地でもある。にぎやかなパトン・ビーチでは、タイならではのショッピングやエンターテインメントなどが楽しめる。

08 Phu My フーミー（ホーチミン）／ベトナム

ベトナム最大の商業都市。放射線状に延びた並木道、フランス風建物が見られ、かつて「東洋のプチパリ」と呼ばれた旧サイゴンの面影を残している。観光の中心はドンコイ通りで、統一会堂、聖母マリア教会、ベンタイン市場などが見どころ。

09 Port Klang ポートクラン／マレーシア

photo by Tourism Malaysia

ポートクランから約1時間のところに位置する、KLの愛称で呼ばれるクアラルンプールは、イギリス統治時代のコロニアル建築と、ペトロナスツインタワー（写真）をはじめとする近代建築と自然が見事に調和された都市。

10 Samui サムイ島／タイ

photo by jetalone

全島がココナッツの木で覆われていることから、別名「ココナッツ・アイランド」とも呼ばれるサムイ島。マリンスポーツ、熱帯雨林のジャングルでのアクティビティ、信仰を集める寺院や暮らしに触れる観光スポットまで、楽しみはさまざま。

11 Semarang スマラン／インドネシア

photo by Ruth Onduko

ジャワ島北海岸の港町で、中部ジャワの州都でもある。オランダ統治時代に東インド会社によって建てられたラワン・セウや、インドネシアで一番高い仏塔といわれる7階建ての仏塔のあるパゴダ・アヴァロキステバラ寺院（写真）などの名所がある。

12 Yangon ヤンゴン／ミャンマー

旧名ラングーンで知られるミャンマーの首都。静かな町並みが東西に細長く碁盤の目のように整然と区画されている。パゴダ（仏塔）で有名なのは、街の中心で輝く「スーレーパゴダ」、黄金の涅槃仏がある「チャウタッジーパゴダ」など。

この国で見つけた99の情熱をお届けしてきた、これまでのシンガポール特集。
最後に紹介するのは、シティの中心部にあるラッフルズ卿上陸地点だ。
イギリスの東インド会社から派遣されたトーマス・ラッフルズ卿が1819年1月に降り立った場所であり、
上陸から150年を記念した、彼の像が立てられている。
この像が見つめる先にあるのは、往時からあまり変わらないコロニアル建築物だろうか、
それとも、想像だにしなかった高層ビル群が並ぶ発展したシンガポールの姿だろうか。
いずれにしても、この国の人々は彼の上陸以降、
今の街をつくり上げ、未来を模索している。情熱を胸に抱きながら──。

100

シンガポールの進化は
ここから始まった。
歴史的な場所で思うこと──。

上陸したラッフルズ卿は
翌年に自由貿易港を宣言。
発展の礎を築いた人物として
今でも人々に親しまれている。

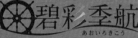

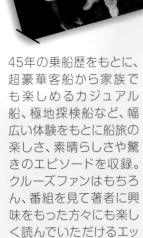

上：彩り豊かなアイスティーの「シトラス風味のフルーツティー」「ミンティー・アップルティー」
中右：熟練のバリスタがコーヒーやカフェラテなどをいれてくれる。
下左：どんなラテアートが出てくるかも注文の楽しみ。

text by Nami Shimazu,
photo by Katsuhiro Tsukada

クルーナーズ・バー
バリスタが提供するニュー・グラウンドの多彩なドリンク
Crooners bar

　客船での旅にとって、カフェの存在感は大きい。お気に入りのカフェやドリンクメニューがあると、それだけで船の居心地もアップするものだ。ダイヤモンドプリンセスのクルーナーズ・バーほか、プリンセスクルーズの全ての客船で扱っている「ニュー・グラウンド」のメニューには個性豊かなドリンクがそろっている。例えば、グラスに入ったアイスティーの美しい色合いを楽しみたい「ハンドクラフト　アイスティー　フュージョン」。オレンジや桃に、シナモンなどのスパイスが加わった「シトラス風味のフルーツティー」。さわやかなミントとりんご風味の「ミンティー・アップルティー」がおすすめだ。

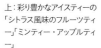

　アメリカン・バリスタ＆コーヒー・スクール監修のトレーニングを受けたバリスタたちが丁寧にいれるクラフト・コーヒーもぜひ味わいたい。「ティラミス・トゥ・ゴー」「塩キャラメル・ストラータ」なども人気があるという。写真を撮影していると、バリスタがラテアートを作ってくれた。リーフやハートの形を何パターンか披露してくれて、おもてなしに心が温まるカフェタイムを楽しむことができた。

---

and Topic
2020年、創業55周年となるプリンセスクルーズ

左：1965年、創業時の客船「プリンセスパトリシア」。
右：55周年の節目、2020年にデビューする新造船「エンチャンテッドプリンセス」。

　プリンセスクルーズは2020年に創業55周年を迎える。1965年に1隻の客船がメキシコクルーズへ就航したところから歴史が始まった同社はおよそ55年後の現在、18隻の客船を保有する世界最大のプレミアムクルーズラインへと成長を遂げた。2020年は、新造船エンチャンテッドプリンセスが2020年6月に就航を予定している。創業55周年を記念し、抽選で豪華客船の旅が当たる特別キャンペーンも予定。

My Memorial
Pacific Venus
ぱしふぃっくびいなすで新春の伊勢四日市へ

photo by Sumiko Ueda

上田寿美子
Sumiko Ueda

クルーズジャーナリスト。外国客船の命名式に日本代表として招かれるなど世界的に活動、講演も行う。『マツコの知らない世界』（TBSテレビ）に出演し好評。著書に『上田寿美子のクルーズ！万才』など。日本外国特派員協会会員、日本旅行作家協会会員。

私にとって2020年の初クルーズは、ぱしふぃっくびいなすの「新春伊勢四日市クルーズ」となりました。ぱしふぃっくびいなすの吉例ともいえる新春クルーズは、短い日数の中で日本らしい正月気分を存分に味わいながら、初詣に向かう、新年にふさわしいクルーズです。

初日から、船内は初春ムード。松井船長、阿部機関長、阪根ホテルマネージャーの三役による鏡割りで威勢よく幕を開けました。ショータイムは、和楽器の生演奏集団「月詠―TSUKIYOMI―」による4種の和楽器と日本舞踊を組み合わせたステージ。「2020跳」と題し、日本情緒に満ちたショーが船出の夜を飾りました。

そして、夕食は、関西らしい繊細さに満ちた、ぱしふぃっくびいなすの和食。黄金色に輝く河豚の煮凝りから始まり、数の子、タラバ蟹、鮟肝などを美しく盛り込んだ前菜。金目鯛と蛤の祝い椀、寒ブリと甘えびのお造り、黒毛和牛の肉鍋などなど、旬の味覚をふんだんに取り入れた豪華な和の宴を満喫しました。

翌朝、ぱしふぃっくびいなすは四日市港に到着。今年は、船のオプショナルツアーで、熱田神宮の初詣と国宝犬山城を訪問するツアーに参加。愛知県名古屋市熱田区に存在する熱田神宮は、創建113年と言われ、昨年の「即位礼正殿の儀」に用いられた三種の神器の一つ草薙剣が祀られていることで有名です。約6万坪もある境内には樹齢千年を超えるという大きな楠が茂り、社殿の前は初詣での参拝客でにぎわっていました。

次に訪れた犬山城は、1537年（天文6年）、織田信長の叔父織田信康によって築城され、現在は天守のみが現存しています。日本には天守が国宝に指定された城が5つありますが、その中の一つであり、また、日本で最後まで個人が所有していた城（2004年まで個人所有）としても知られています。天守内に入り約60段の急な階段を上ると最上階の4階・高覧の間に到着。小高い山の上に立つ城はさすがに見晴らしがよく、眼下には、城下町や木曽川の流れが広がっていました。

ところで、このクルーズは、2泊3日ではありますが、3日目の16時30分に横浜港に帰着するので、最終日とはいえ航海日並みにゆったりと過ごせることも大きな魅力と言えるでしょう。朝から、双六、福笑いなどの正月にふさわしいゲームや、新年の運試しも兼ねたビンゴ大会、そして、川本クルーズディレクターの「びいなす新春ナツメロ歌声広場」などで盛り上がりました。

ダイニングサロンのお正月飾り

初春を祝う鏡割り

新春を感じる茶室の飾りつけ

操舵室の神棚

**客船で味わう
華やかな新春**

1.洋上最高級の料理とサービスが楽しめるダイニングサロン グラン・シエクルも鏡餅を飾り初春ムード。2.クルーズ名入れの枡で鏡割りの日本酒をどうぞ。3.茶室「楽水亭」では獅子舞人形がお出迎え。4.操舵室に鎮座する神棚。海の神・金毘羅様のお札が祀られている。

5

6

7

8

9

10

私は、松井船長のインタビューのために、久しぶりに操舵室を訪問しました。1998年、この船のデビュークルーズで3等航海士として乗船し、かくし芸大会でギター演奏を披露してくれた松井克哉氏が、立派な船長姿で迎えてくれたことに、まず感激しました。さらに驚いたのが航海計器が新しくなっていたこと。最新鋭の電子海図情報装置の解説を聞きながら、その昔、津畑船長が、紙の海図をもとに若い航海士さんたちを指導していた姿がよみがえりました。そして、今も変わらず祀られている操舵室の神棚には、青々とした榊。なんと操舵室の一画には榊を緑に保つための装置まで開発されていたのです。最後に松井船長にぱしふぃっくびいなすの特徴と今後の抱負を尋ねると「本船がお客様にとって豪華でありながらリラックスできる『私のお宿』のような存在となるように取り組んでいます。私どもにとって嬉しいのは『また、来るわ』という言葉です。いつでも門を開いてお待ちしておりますので、どうぞ、洋上の『びいなす休暇』をお楽しみください」との答えが返ってきました。新年初のクルーズは、めでたい雰囲気の中で、ぱしふぃっくびいなすの歩みと魅力を再認識させてくれる思い出深い旅となったのでした。

松井船長に
初めての
インタビュー

11

Ship Data

ぱしふぃっくびいなす	
運航会社：日本クルーズ客船	
総トン数：26,594トン	
全長／全幅：183.4／25メートル	
乗客定員／乗組員数：620／220人	
就航：1998年	
問い合わせ：日本クルーズ客船	
http://www.venus-cruise.co.jp/	

船内の催しを楽しみながら
日本情緒あふれる旅

5.昨年開業した横浜ハンマーヘッド・新港ふ頭客船ターミナルに入港するぱしふぃっくびいなす。6.新春を彩る和楽器と日本舞踊のショー。7.日本画を思わせる美しい前菜盛り合わせ。8.最終日の昼食は名物びいなすカレー。9.国宝に指定されている犬山城の天守。10.年間約650万人の参拝者を迎える熱田神宮に初詣。

©Silversea Cruises

CRUISE Traveller Summer 2020
6月中旬発売予定

Special Feature

エクスペディションシップ最前線

冒険クルーズで出会う 未知の大自然

最近、気になる冒険クルーズ。
プリミティブなスタイルに支持がある一方、
世界のトレンドは
ラグジュアリー×エクスペディション。
船内では豪華に遊び、
寄港地では未体験の感動を味わう。
南極への旅を軸に
冒険クルーズの今を探ってみる。

「ラグエク」が変える
世界の冒険クルーズ。

CRUISE Traveller ONLINE
www.cruisetraveller.jp
CRUISE Traveller公式サイトでは
取材風景なども公開しています。

[ISBN 978-4-908514-22-7]

CRUISE Traveller
Salon

横浜
はじめて
物語

1863年、横浜で洋裁店が開業しました。

北原照久
1948年生まれ。
ブリキのおもちゃコレクターの
第一人者として知られている。
横浜、河口湖畔、松島、
羽田空港第一ターミナルなどで
コレクションの常設展示を行っている。
テレビ、ラジオ出演のほか講演も多数。
株式会社トーイズ代表取締役。

photo by Yoshiomi Goto

1960年代に日本で作られたブリキのおもちゃです。顔はソフトビニール。ポニーテールの髪はきれいに植毛され、服には布が使われています。リボンを付けてフリルやレースを表し、フワッとした形はドレスのようで、女の子の憧れそのもの。

動力はバッテリーで椅子の中に電池が入るようになっています。スイッチを入れると可愛らしいスリッパをはいた足が動き、布に添えた手を動かして縫う動作をします。ミシン自体も写実的に作られていて、細かな部分まで作り込まれています。糸巻とそこから出る糸、目盛り付きダイヤル、ドレスメーカーと文字が入っているところには、実際のミシンにも会社名が書いてあったものでした。

服に布を使っているのでやわらかさを感じますし、青いミシンカバーには、布のたるみまで描かれていて、ふわりとかぶせてあることが伝わります。カーペットもブリキ板にプリントしているのですが、毛足のやわらかさも感じさせるのが不思議です。

子どもの頃に聞いたミシンの心地良いリズム音も懐かしく思い出します。

所説あるそうですが、横浜は日本で初めに洋裁業が始まった街として知られているのです。1863年イギリス人のミセス・ピアソンが横浜居留地97番に、ドレスメーカーを開店したのが始まりだそうです。自家縫製で、ひとりでは手に負えないほど注文があり、和服職人や足袋職人に教えて手伝ってもらい、日本人の洋服仕立て職人も育っていったようです。

当時の在留外国婦人の洋装姿の碑があります。横浜が洋裁業発祥の地であるという歴史を伝えると同時に、教えた人、習得して現在に続く伝承をした人などの功績をたたえ、先人たちを覚える碑でもあります。居留地があった横浜ならではの発展です。

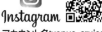

Wellness

船に乗られる方は目の前に広がる壮大な海原に見入り、鳥の鳴き声や波の音に癒やされ、船内では、美食やさまざまなエンターテインメントで非日常的な刺激は途切れることはない。「この五感への刺激は"不老脳"につながります」と脳神経内科専門の銀座内科・神経内科クリニック霜田里絵院長は話す。五感を刺激する環境があり、同じ趣味を持つ仲間たちとの語らいなどがあるクルーズは、好奇心の芽を伸ばし、脳の活性になるというのだ。

そして驚くことに、加齢するにつれ脳は退化していくのかと思いきや、

今回のテーマ
不老脳

人生の質を高める
ウエルネスの生活

「クルーズではパートナーのいる方はより良い日々を。パートナーがいない方もクルーズで新たな恋の可能性を探してください。不老脳のためにも」

景色、潮風、鳥の声、美食…クルーズは五感を刺激し「不老脳」をつくる

脳は加齢しても成長し続ける。人生を愉しむ自分への贈り物を!

「脳は刺激を与え続けることで成長します」と。

デッキサイドで絶景を眺めながら"積極的にぼんやりする"なんていうのも脳のコンディション維持になるとか。「限られた所だからいいのです。インターネットにもつながらない環境を作り、あえてこの時間は体と向き合うのです」とも。これは数年前、『デフォルト・モード・ネットワーク』という脳の機能の発見により、「人はぼんやりしているときに脳内を整理している」と証明された。

脳細胞は使い方次第ということがわかる。霜田院長は最近『一流の画家はなぜ長寿なのか』を上梓された。葛飾北斎は江戸時代に89歳まで、ピカソも91歳まで描き続けたが、そのライフスタイルに不老脳のヒントはあると。「描き続けるといった強い情熱。1作でも残したいといった執念と執着。このようなものを身に着けることで画家たちは不老脳になったのでは」と。

では、画家のように天賦の才能がないと手立てがないのか? そんなことはありません。霜田院長のお父様は毎日、2紙の新聞を読み「政治経済社会情報を知っていたい」という執念を持ち続け、ご家族にその情報をお伝えする役割も持っているそう。ポイントはインプットだけではなくアウトプットすることでさらに脳への刺激を行っていることだ。

その他にも続けると良い生活習慣があるという。運動は重要で少し速足のウォーキングは脳をはじめ全身の血流が増え、脳の働きも活発になる。1日8000歩くらいを目指したい。食事は腹七分目でよく噛んで食べ、良質な睡眠を取るなどだ。

また、計算ができなくなったという思い込みや言葉が出てこなくなった、物忘れする、と思ってる方は「自分はもうダメだ」とあきらめている場合が多いが、「そうであっても、脳は成長し続けると前述した通り、脳の回路をつなぐためには"あれあれ……"で済ませてはいけません。忘れそうになったら調べることです」。続けて院長は話す。「物忘れがあっても、膨大な人生経験と知恵を蓄えた脳にできることはたくさんあります。失ったものに目を向けるのではなく、クルーズに行けてすてきな出会いがあり、言葉を交わす仲間がいる、それだけでも充実した気持ちになりませんか」と。そう、そのときに脳内ではセロトニンという幸せな気持ちを促進するホルモンが出て不老脳になっている。心の持ち方も忘れてはいけない。

医療法人社団ブレイン・ヘルス
銀座内科・心経内科クリニック
院長 医学博士
霜田里絵
順天堂大学を卒業後、1997年に順天堂大学院神経学修了。その後同大学病院の脳神経内科医局を経て都内の病院に勤務し2005年に開業。2011年に医療法人社団ブレイン・ヘルスを設立、理事長に就任する。パーキンソン病、アルツハイマー病、脳血管障害、頭痛、めまい、しびれなどが専門。『一流の画家はなぜ長寿なのか』(サンマーク出版) 他著書多数 http://www.ginzanaika.com

ウエルネスライター
高谷治美
日本経済新聞『プラス1』の医療健康記事では最新医療から健康維持、よりよいウエルネスの提案について12年以上にわたり取材執筆を行う。また、国内外の生活文化・芸術・マナーなどを多角的に取材し、各界の著名人の人物記事、広告、書籍制作にも力を注ぐ。(一社)日本プロトコール&マナーズ協会の理事を務めている。

Economics

2019年10月31日未明、世界遺産の首里城が焼失したニュースは、驚きと悲しみをもって日本列島を駆け巡りました。沖縄県民の心のよりどころであり、琉球文化の象徴ともいえる首里城正殿、北殿、南殿が、一夜のうちに灰になってしまったのです。復興支援への動きは速く、特にクラウドファンディングによる寄付が2019年末時点で8億円を突破したというから、これまた驚きました。

その昔、450年にわたり栄えた琉球王国は、中国と日本、そして東南アジアとの交易の中心地でした。そのため独自の文化が育まれ、沖縄の魅力となっています。重要無形文化財の琉球舞踊（以下、琉舞）は、城内に舞台を設けて中国からの冊封使をもてなすため披露したのが始まりとされ、今も保存会が伝承をしています。

新たな芸能も誕生しています。旅行会社JTBが37年前から、この琉舞をはじめ伝統芸能、民俗芸能をベースにした観光誘客のための取り組み「杜の賑い沖縄」を、年に1回、開催しています。このたびの首里城焼失を受けて、2020年1月の演目が急遽変更され、首里城再建へ向けた力強い舞台構成になりました。冒頭の演目「四つ竹群舞」は圧巻で、クライマックスのエイサーには魂を揺さぶられました。きっと必ずや、自分が生きているうちに再建が果たされるであろうと感じ入りました。

首里城は現在、「首里城復興モデルコース」として、一部を無料で見学開放しています。小高い場所から焼け落ちた正殿付近が見渡せます。ぜひ立ち寄っていただけたらと思います。明治政府による琉球処分、そして第二次世界大戦末期の陸上戦という沖縄の深い哀しみや想いが、炙り出されたような今回の焼失でした。

沖縄県への観光入域者数が初めて1000万人を突破（2019年）しました。仕事で毎月のように沖縄へ行っていますが、新型コロナウイルスの影響で、那覇の中心地・国際通りは比較的、落ち着きをはらっています。首里城焼失や新感染症という逆風もあります

が、那覇空港は新たな滑走路も建設中で容量も増すことから、本格的な観光新時代を迎えようとしているのがうかがえます。今が行きドキなのかもしれません。

そうしたなか、ラグジュアリーホテルが狙い目です。というのも、外国人客の利用に一服感があり、料金も抑えられ、費用対効果が高まっているのです。先日も出張のついでに、「ザ・リッツカールトン沖縄」（名護市）に久しぶりに滞在しました。かつての喜瀬別邸で、ゴルフ場に面しています。全室オーシャンビューの「百名伽藍」（南城市）は、まさに隠れ家でおすすめです。リピーターが多いのが頷けます。

このところ沖縄でハマっているのが、料理教室です。琉球料理は独特ですが、調味料などを買って帰れば気軽に自宅で作ることができ、家族にも喜ばれます。料理研究家・嘉陽かずみ先生の料理教室「よ

（上）首里城の守礼門。首里城復興モデルコースとして、敷地内も一部無料開放されている。
（下）沖縄の郷土料理を料理教室で学ぶ。沖縄の味を家庭でも楽しもう。

今回のテーマ
首里城と沖縄

首里城の復興へ向けて 新しい沖縄へ

首里城焼失で見えた、沖縄の人たちの心。
ラグジュアリーホテルが開業ラッシュを迎える
沖縄の楽しみ方とは。

んなーフード」では、市場での買い出しからスタートします。沖縄そばや沖縄スイーツ（サーターアンダギー、ちんすこう）、ゴーヤチャンプルーなどを教えてもらいました。また、沖縄電力のIH料理教室にも単発で通っています。有名ホテルの料理長や地元の料理研究家が講師となって、さまざまなレシピを教えてくれます。沖縄のソウルフードを体得してみませんか。

● 首里城復興支援への寄附方法の例

	銀行口座へ振り込み	クラウドファンディング	ふるさとチョイス	納入通知書
特徴	琉球銀行、沖縄銀行、沖縄海邦銀行、沖縄県労働金庫、コザ信用金庫、みずほ銀行、ゆうちょ銀行の指定口座へ直接振り込み	一般財団法人沖縄ITイノベーション戦略センター（ISCO）のページから。クレジットカードのみ	クレジットカード払いの場合は5000円以上から	首里城火災復旧・復興支援寄附金申込書を提出。納入通知書が送付されるので指定金融機関で払い込みをする
URL		https://isc-okinawa.org/shurikikin-jp/	https://www.furusato-tax.jp/city/product/47000	

沖縄県　首里城火災復旧・復興支援寄附金　参照：沖縄県ホームページhttps://www.pref.okinawa.jp/site/doboku/kikaku/syurijyou/syurijyousien.html

淑徳大学
経営学部観光経営学科　学部長・教授

千葉千枝子

中央大学卒業後、銀行勤務を経てJTBに就職。1996年有限会社千葉千枝子事務所を設立、運輸・観光全般に関する執筆・講演、TV・ラジオ出演などジャーナリスト活動に従事する。国内自治体の観光審議委員のほかNPO法人交流・暮らしネット理事長、中央大学の兼任講師も務める。

世界のクルーズシーンを紹介する季刊誌

定価1,200円（税別）／3・6・9・12月発行

2019年12月
ダグラス・ワードと、最上の航海へ。
ISBN978-4-908514-20-3
世界で最も高名なクルーズ評論家ダグラス・ワード。50年にわたる観察眼から導き出す、いま最も乗るべき客船の数々をグラフィックにレポート。

2019年9月
ネイチャークルーズ入門
ISBN978-4-908514-19-7
大自然に向き合い、動物たちに出会う。秘境と言われる場所、そこに行かなければ出会えない感動を求めて。すごい、かわいいに出会うクルーズガイド。

2019年6月
アジア、魂のサンクチュアリへ。
ISBN978-4-908514-18-0
アジアの港には多様な街の文化と感動が待っている。9つの街をめぐるアジアクルーズのグラフィックレポート。同じ街は二つと無かった。

2019年3月
ゆえに、シルバーシーを愛す。
ISBN 978-4-908514-17-3
創業25周年を迎えた、ラグジュアリークルーズの騎手としての輝きを放つハイブランド、シルバーシークルーズの魅力に迫る。

2018年12月
いま、「見知らぬ港町」へ
ISBN978-4-908514-16-6
「寄港地2.0」をテーマに、次に行きたい、行くべき港町を探る一冊。世界のクルーズトラベラーの探求心を満たす注目の港町の数々を紹介する。

2018年9月
客船に住まう。
ISBN978-4-908514-15-9
世界には客船に住まうように旅をするクルーズ上級者がいる。2週間程度のクルーズから世界一周まで、ロングクルーズでしか味わえない旅の世界。

2018年6月号
大河を旅する。
ISBN978-4-908514-14-2
ガンジス、ナイル、メコンなど歴史に育まれた世界の大河を旅して悠久を感じる、スケールの大きなリバークルーズ案内。

2018年3月号
スペインの美しき港町
ISBN978-4-908514-13-5
バルセロナからビルバオ、カタルヘナ、マラガ、ラコルニャ、そしてカナリア諸島。美しき港町を訪ね、まだ見ぬスペインの素顔に出会う旅。

2017年12月
進化する船旅のカタチ
ISBN978-4-908514-12-8
客船が刻々と進化を続ける今。新造船や新しい施設、サービス、注目のコースなどを紹介しながら2018年のクルーズスタイルを探る一冊。

クルーズトラベラーから生まれた小さなブックシリーズ

2017年7月
上田寿美子のクルーズ！万才
ISBN978-4-908514-10-4
テレビおなじみ！上田寿美子によるエッセイ集。45年の乗船経験をもとに船旅の素晴らしさを楽しく紹介。
定価1,600円（税別）

2016年7月
飛鳥ダイニング
ISBN978-4-908514-05-0
日本の名船、飛鳥II。大人たちを楽しませてきた料理、空間、もてなし術から美食の歴史までを一挙公開。
定価2,000円（税別）

2016年3月
極上のクルーズ手帳
ISBN978-4-908514-02-9
クルーズコーディネーター喜多川リュウが長年の乗船経験を基にまとめたクルーズ解説書の決定版。
定価1,600円（税別）

2015年7月
ONE OCEAN
by Kazashito Nakamura
ISBN978-4-9907514-9-4
写真家・中村風詩人によるファースト写真集。世界3周分を航海して撮り続けた水平線が一冊の本に。
定価2,200円（税別）

■バックナンバーのお求めは

A＞お近くの書店にてご注文ください。
各刊のISBNコードをお伝えいただくとスムーズにご注文いただけます。

B＞ *honto* honto.jpでもご注文可能です。

| すべて▼ | クルーズトラベラー | 検索 |

クルーズトラベラーで検索すると一覧が表示されます。

バックナンバーに関するお問い合わせ先
クルーズトラベラーカスタマーセンター
〒104-0061
東京都中央区銀座6-14-8
銀座石井ビル4F
TEL.0120-924-962（土日祝を除く平日10時〜15時）

Opinion

今回のテーマ 「ノールチャーネン」という船

船好きには、迷ったら古い船から乗るべしの教訓がある。

1956年建造、64年目にして運航を続ける
客船「ノールチャーネン」とは？

今や毎年のように新造船が就航するほど世界中でクルーズがブームだが、私のようなある種イカれた船好きは新しいというだけで胸躍る、ということはない。処女航海に乗ってみたいという欲望もない。

「ノールチャーネン」という船がある。1956年に建造されたノルウェーの船が今も現役で活躍している。実に64年目のシーズンだ。この船はノルウェーのフッティルーテンが所有しており、夏場だけスピッツベルゲン島のクルーズに就航している。面構えが実にいい。黒い船体なのだが、雪で覆われた埠頭に停泊している姿はまるでロシアのカニ密漁船だ。

船はいつか必ず引退する。あのクイーンエリザベス2だってカーニバルグループはあるときバッサリと引退させた。さすがにトップスターだっただけあって今はドバイでフローティングホテルとして華やかな余生を送っている。とにかく船はいつか引退する。時計の針は戻せない。後悔先に立たず。だから船好きは悔いを残さぬよう、欲望のままに古い船から乗るべきだ。

「ノールチャーネン」、船会社のウェブサイトで船の詳細を見るだけでもう心を鷲づかみにされる。インサイドの最も小さな部屋はなんと3㎡、シャワー・トイレ共用という不便さだ。

夏の短い期間、ノルウェーのスピッツベルゲン島で3〜4泊の短いクルーズを行っている。この船にまつわる素敵なストーリーを聞いたことがある。世界中の超金持ちが10機ぐらいのプライベートジェットでスピッツベルゲン島に飛んできて、この64年前の船でクルーズを楽しんだのだという。新しいもの、豪華なものは、金を積めば何でも手に入る。だけど64年という歴史は金では買えない。いちばん広い部屋でも13㎡、2段ベッド、シャワー・トイレ付き。部屋の中にシャワーとトイレが付いているという贅沢に目覚めるのだ。

デッキプランを見るとほれぼれする。部屋の形がバラバラだ。配置もバラバラ、昔の船とはそういうものだ。

今年の夏、8月24日出航に自身の部屋を確保した。今調べているのはスピッツベルゲン島のロングイヤービーンという街までどうやって行くのか。船好きの友人からロンドン・オスロ経由で入るのがいい、と情報が入った。この船、レストランは1カ所、当然相席だろう。どんな食事を出してくれるのか？ 粗雑な飯なのか？ 意外と美味いのか？ もう、そんな普通のクルーズで気にするようなことはどうでもいい。1956年製の船の記憶を脳裏にしっかりと焼き付けることが大事なのだ。

この船は遠からず引退するだろう。クイーンエリザベス2のようなスター街道まっしぐらの船とは対極の人生をノルウェーの海で歩んできたと推測する。

新しい船を追いかけるだけでは船の乗り方としてはつまらない。その時代にしか造れない船がある。古い船に乗ると船は生き物だ、船は生きていると感じる。音がある。匂いがある。何とも言えない古い船だけが醸し出す雰囲気がある。はたして他にもこんな古い現役の船はあるのだろうか？ それをどうやって調べればいいのだろう？ 知らないことがあるから楽しい。きっと他にもどこかでボロ船が動いているはず。

古い船だけが醸し出す雰囲気を感じてみたい

（上）ノールチャンネルのレストラン。サービスはどんな感じか、想像するのも楽しい。
（下）客室の間取りはバラバラだという。2段ベッドのある客室もある。

マーキュリートラベル代表
東山 真明

マーキュリートラベル代表。ポナン、シードリーム・ヨットクラブ、サガといった個性派のスモールシップに傾倒、年間70日程度、日本からのゲストと洋上で過ごす。大阪市出身。

東山真明ウェブサイト

News & Topics

News & Topics

飛鳥Ⅱ「2021年世界一周クルーズ」発表

郵船クルーズは、2021年3月に横浜、神戸を出航する「2021年世界一周クルーズ」を発表。アジア、スエズ運河、地中海・西欧・北欧、大西洋を渡り北米東海岸、カリブ海、南米、パナマ運河、中米、北米西海岸、太平洋を巡る107日間の日程。飛鳥クルーズ30周年を記念し、30周年にちなんで30の寄港地を訪れ、30の世界遺産を楽しむ航路。※世界遺産数は、寄港地観光ツアー(別料金)に参加し訪問した場合。

■問い合わせ 郵船クルーズ
http://www.asukacruise.co.jp

にっぽん丸の夏のショートクルーズ

にっぽん丸の2020年上期商品には、気軽に参加できるショートクルーズも設定。8月22日(土)〜8月23日(日)に実施する「ウィークエンド東京ワンナイトクルーズ」は2020年7月に新東京国際クルーズターミナルからの出航となる。9月22日(火)〜9月24日(木)「にっぽん丸紀行〜スペシャルエンターテイメント〜」は同船30周年記念クルーズ。オプショナルツアーを含んだクルーズで、横浜発着で鳥羽に寄港予定。

■問い合わせ 商船三井客船
http://www.nipponmaru.jp

ぱしふぃっくびいなす、2020年上期クルーズ発表

日本クルーズ客船は、ぱしふぃっくびいなすの2020年上期(2020年4月〜10月)商品として国内クルーズ30コース、海外クルーズ2コースを発表。国内では、夏祭り・花火を観賞するクルーズをはじめ、世界遺産の屋久島、利尻島・礼文島など美しい自然の島々、瀬戸内海を訪れるクルーズを用意。高橋克典スペシャルクルージングライブを楽しめる週末利用「三陸 大船渡クルーズ」や、地方港発着のクルーズなども多く設定。

■問い合わせ 日本クルーズ客船
http://www.venus-cruise.co.jp

コスタ、2021年の日本発着クルーズ計画発表

コスタクルーズは、2021年シーズンの日本発着クルーズ運航計画を発表。2021年シーズン航路は、今シーズンより継続する那覇発着、日本海発着(福岡・舞鶴・金沢)といった地方発着外航クルーズに新コースを加え、さらに広島発着、小樽発着といった地方発着ショートクルーズ(3、4泊)を拡充。2021年シーズンでは、客室数1000室を超える「コスタアトランチカ」(総トン数:8万5619トン)が日本発着船としてデビュー。

■問い合わせ コスタクルーズ
https://www.costajapan.com

8月就航の新造船「シルバームーン」命名者発表

シルバーシークルーズは、建造中の新造船「シルバームーン」のゴッドマザーに、"バルバレスコの女王"と称賛されるガイア・ガヤ氏を任命。ガヤ氏は、イタリアのバルバレスコ村にある世界的に名高いガヤワイナリーの5代目。1859年に創業した家族経営のこのワイナリーは、イタリアワインの代名詞ともなる素晴らしいワインを製造。同船の命名式は、2020年8月5日にトリエステで予定されている。

■問い合わせ シルバーシークルーズ
https://www.silversea.com

MSC、環境保護を学ぶツアーを発表

MSCクルーズは長年の環境保護への取り組みへのさらなる強化のため、サステナビリティツアー"PROTECTOURS"を発表。参加者がアクティビティーを体験しながら環境保護について学ぶツアーで、地球保護に寄与することもできる。ウミガメの子どもの保護活動体験(カリブ海)、都市域のミツバチの生態を学ぶツアー(コルフ)、シュノーケリングで海の清掃体験(クロアチア)など、25種類以上のツアーが誕生予定。

■問い合わせ MSCクルーズジャパン
https://www.msccruises.jp

新造船セブンシーズスプレンダーが就航

リージェントセブンシーズクルーズが新造船セブンシーズスプレンダーの引き渡しを受けた。イタリアのフィンカンティエリ造船所で建造。総トン数5万5254トン、客室は375室全てがスイート仕様。公室には5カ所のレストランと3カ所のバーラウンジ、総額約500ドルの美術品コレクションなどが華を添える。同船では初となる女性船長セレナ・メラーニが舵を取る。

■問い合わせ リージェントセブンシーズクルーズ
https://jp.rssc.com

「旅するアート」山本二三氏と行くスケッチ&ピクニック

2020年3月に開業10周年を迎える sankara hotel&spa 屋久島は、期間限定企画を用意。『天空の城ラピュタ』などの名作アニメーション映画の美術監督、山本二三氏レクチャーによる大自然のスケッチと、レストラン「ayana」のシェフ小山によるピクニックランチを楽しめる宿泊プラン。日程:2020年4月19〜20日(2泊)詳細は下記公式サイトをご覧ください。

■問い合わせ sankara hotel&spa 屋久島
https://www.sankarahotel-spa.com

『ストロベリーホリック〜バービー×いちごコレクション〜』開催

ザ ストリングス 表参道では、レストラン「BAR & GRILL DUMBO(バー&グリルダンボ)」で5月までの指定日に『ストロベリーホリック〜バービー×いちごコレクション〜』を開催。ファッションドール バービー®とコラボレーションしたフォトジェニックな空間で堪能できるランチ&スイーツブュッフェ。旬のイチゴをふんだんに使用した「ストロベリータルト」など多数のメニューをご用意。

■問い合わせ ザ ストリングス 表参道
www.strings-hotel.jp/omotesando

People

Q1 今回、グループ内の上級2ブランド専任となられたそうですが？

ノルウェージャンクルーズライン・ホールディングス傘下の上級2ブランド、リージェントセブンシーズクルーズとオーシャニアクルーズが私の担当となります。過去、セレブリティクルーズ、そして長くシルバーシークルーズのプロモーションに携わってきましたのでプレミアムからハイエンドマーケットへの取り組みは自分が最も知見がある分野です。また、長年、日本のクルーズ市場も見守り続けてきましたので、今回の新しい職務は自分にとって非常にエキサイティングです。

Q2 今年の業績見通しを教えてください。

世界的に拡大しているラグジュアリークルーズ市場ですが、両ブランドともにその流れに乗れていると判断しています。特に北米マーケットの需要が強く、当社が打ち出したアーリーブッキングキャンペーンが奏功しています。例えば、オーシャニアクルーズにおいては2020年における予約の80%が該当しています。残念なことは、人気のアジアから、ゲストとクルーの安全と健康を最優先に考え、当社のフリートを離脱させたことです。難しい判断でした。しかし、状況を見極めながら、日本寄港を含めたアジアクルーズは再開させたいと考えています。

日本市場に話を移すと、2017年に日本オフィスを開設して3年、その間でリージェントブランドが1.6倍、オーシャニアが2倍の取り扱い増となりました。今では世界で5番目に位置するマーケットまで成長してきました。日本人の食への造詣の深さなど我々のサービスとのマッチングは良いと思います。今は厳しい状況下ですが、日本市場は有望なのは間違いありません。

Q3 日本におけるリージェントブランドの展望をお聞かせください。

我々の主たる顧客は、価格第一ではなく、価値を見極める富裕層です。そして、日本にも同じく洗練された富裕層が存在しています。彼らへのアプローチがこれから

の鍵となりそうです。また、日本のマーケットを開拓するうえで外せない語学の問題がありますが、我々は最も人気のある夏の地中海クルーズに日本人スタッフを乗船させます。実は、オールインクルーシブスタイルは、言葉の問題を解決するうえで生まれたサービスでもあります。その利点への理解を広げていきたいところです。新造船『セブンシーズスプレンダー』の投入も新しいファン獲得の良い機会になるでしょう。スパが自分のキャビンの中にあることで話題のリージェントスイートをはじめ、モダンラグジュアリーを具現化したクルーズシップを日本のゲストにも楽しんでいただければと思います。

Q4 オーシャニアブランドはいかがですか？

日本人は世界的に見て稀な食へのこだわりがあります。これがオーシャニアブランドを押し上げている要因でしょう。また、オーシャニアマリーナとリビエラについて言えば、バスタブがあることと価格と品質の高い次元でのバランスが評価されているようです。7日間のコースが充実していますので、さらに認知を高めてシニア世代以外への拡販も図りたいところです。

Q5 日本通とお聞きしていますが、最も好きな食材を教えてください。

魚でしょうか。日本の魚は鮮度が高くて美味しいです。特に、個人経営の小さな居酒屋や寿司屋が好みなんです。オープンキッチン式で料理の様子を見ることができるのもエキサイティングですね。

ウルトララグジュアリーを具現化した新造船スプレンダー。

話題は最上級のリージェントスイート。広大なバルコニーを含めた400㎡を超えるキャビンには、業界で唯一の専用スパ（写真上）、リビングにはスタンウェイ社製のピアノ、ベッドルームにはスウェーデンへスティン社が手掛けた2000万円を超えるベッドが。さらに船首部分には専用ダイニングルーム（写真下）が設けられ、個人の邸宅気分でクルーズライフが楽しめる。1泊当たり1万ドルながらも人気で予約困難な状況が続いているという。

今回のゲスト

スティーブ・オデル

オーシャニアクルーズ＆
リージェントセブンシーズクルーズ
アジア太平洋地区
シニア・ヴァイスプレジデント

デビューしたセブンシーズスプレンダー船上でお話をお聞きします。

「長年の日本マーケットの知見を生かして ラグジュアリークルーズの魅力を 日本で広めていきたい。」

前職のシルバーシークルーズでは長くヨーロッパ、中東、アフリカおよびアジア太平洋担当の社長を務め、2015年にノルウェージャンクルーズライン・ホールディングスのシニア・ヴァイスプレジデント兼マネージング・ディレクターに就任。現在は、アジア、南太平洋地区におけるリージェントセブンシーズクルーズとオーシャニアクルーズのビジネスを統括。30年以上にわたる経験を持つ。イギリス出身。

Event Report

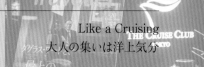

Like a Cruising
大人の集いは洋上気分

12／5

December 2019

初冬のひと時を満喫する
クルーズトラベラーサロン
特別イベントを開催。

The Cruise Club Tokyo

オーソリティー、ダグラスとともに

cocktail

カクテルタイムには
ジン好きのダグラス・ワード氏をもてなすべく
英国のプレミアムジンとして名高い
『ザ・ボタニスト・ジン』を使った
オリジナルカクテルで乾杯。

クリスマスに向けて華やかな気分が高まる12月の午後、天王洲のヨットクラブで読者の集いが開かれた。今回は2019年12月発売の「ダグラス・ワード、最上の航海へ」特集号の発行を記念して、主賓に「ベルリッツ・クルーズガイド」の主幹を務めるワード氏を招き開催。ゲストたちはオーソリティーの講演、さらにシルバーシークルーズ糸川代表とクルーズプラネット島田氏によるラグジュアリーエクスペディションをテーマとしてクイズ形式のトークなどを楽しんだ。

シルバーシークルーズ日本代表の糸川氏と
業界でも指折りの添乗経験を誇る
クルーズプラネット島田氏による
トークにも注目が集まった。

people

当日のドレスコード、
「イブニングカクテル」に合わせて
華やかな衣装でご来場されたゲスト。
洋上のパーティー気分で
楽しいひと時を楽しんだ。

talk

当日、ご一緒に英国から来日された奥様の吉田あや子様による通訳で
トークイベントは進行。ダグラス・ワード氏がどのように客船を視察し、
どの基準で評価を下すのかという話にゲストは真剣に耳を傾けた。

information	
開催：	2019年12月5日(木)
会場：	クルーズクラブ東京
共催：	クルーズプラネット
協賛：	ザ・ボタニスト・ジン
協力：	クルーズクラブ東京
	シルバーシークルーズ

Gadget

旅を扱う仕事ゆえに、最初のサラリーもしくはボーナスでトラベルケースを買うというのが何となくの常識だった新人時代。しかし、「意中のモノが現れるまで買わない」と心に決め、出張のたびに同僚に鞄を借りるということを繰り返していた。その意中のモノは大学卒業直前にファッション誌で見つけた。サファリジャケットのような旅のいでたちを盛り上げるべく、男性モデルに持たせていた銀色のトラベルケース。「旅のプロを目指すなら一流の旅道具を手に入れて、一緒に年月を重ねるのはどう？」とそのページが語りかけてくれたのだ。

その意中のモノを求めるべく、東京中のデパートを探し回ったが残念ながら取り扱いがない。それでは海外に赴いたときに購入しようと心に決めたという訳だ。

そして、入社から数年、その銀色のトランクにニューヨークで偶然出会うことができた。通りかかった5番街のデパートのショーケースに展示してあったのだ。売り場に直行し、身分不相応なプライスタグに怯むことなく日本に連れて帰った。売り場で手に入れたカタログでゼロハリバートンというブランド名を知ることになる。そして、30年ほど労わりもなく使い続けているが壊れることなく、今も道具として現役だ。

ゼロハリバートンといえば、アポロ11号の月の石を運んだことから高い機能性で知られているが、アルミニウムがもたらす優雅なフォルムへの評価が実は高い。そして2019年秋、そのフォルムをさらに現代風に翻訳した新しいコレクション、「Pursuit」が登場した。ブランドを象徴するプレスラインはそのままに、引き出し式のハンドル、留め具、レザーハンドルなどには優しく上品なデザインテイストを取り入れ、さらなる洗練さを手に入れた。また、機能面でも4輪キャスター、TSAロック、IDプレートなど21世紀のトラベルケースとして申し分ない。Pursuit＝追求。従来の焼き直しに留まらず、熱狂的な支持を得ているブランドに新しい方向性を与えたところが実はアメリカのブランドらしく、またゼロハリバートンらしくて好ましい。

私がニューヨークで手に入れたゼロハリバートンは、当時としては当然ながら、キャスターが無いモデルだ。以前からキャスターを後付けできないか夢想しているのだが、やはり少し難しいらしい。だから、今、新しいゼロを手に入れて、同じようにこの先30年ほど使い続けてみるか、買い替えせずに使い続けるか、非常に悩んでいる。もし、新しいモデルをレギュラーとして扱う場合、最初のゼロハリバートンは編集部のオブジェとして、最も目立つ場所に置いてあげるつもりだ。

他にはない素材感と優雅なフォルム、
そして海の果てまで連れていける圧倒的な耐久性。

旅のプロを目指して迷わず買い求めたトラベルケース

〈今回の逸品〉
ZERO HALLIBURTON
ゼロハリバートン
「Pursuitコレクション」

時とともに味わいが増すアルミニウムならではの旅のマスターピース

新時代のコレクション。細部にもブランドらしさが宿っている。ラッチ（留め具）はスクエア型とすることで衝撃をやわらげ、また気品あるデザインも実現。同じく側面に配されたIDタグはマグネット式のプルタブ仕様。タグの下には振り分けられた識別番号が記されることで所有するプライドもくすぐられる。また、丸の内ほか全国3カ所の直営店ではタグにイニシャルの印字が可能。こだわりの旅人が注目せざるを得ない施策が盛りだくさんの逸品。

パスート アルミニウム コレクション
30inch／165,000円（税別）
問い合わせ／カスタマーサービス
TEL：0120-729-007
オフィシャルサイト／
https://zerohalliburton.jp

30年間トラブルなく使い続けてきたトラベルケース。年月とともに味わいが増すのがゼロハリバートンの価値。

本誌編集長
茂木政次

雑誌編集者。大学卒業後、旅行会社にて商品企画、マーケティング業務に従事。その後、東京ニュース通信社に入社、クルーズ情報誌「船の旅」編集部に配属。2007年より同誌編集長に就任。2012年に本誌創刊に参画。クルーズオブザイヤー選考委員、三越クルーズファッションカタログ監修なども務める。

Cruise Line Directory クルーズラインディレクトリー

AsukaⅡ
ゆとりの空間で楽しむ
日本最大級の客船

郵船クルーズ	t	🏛	👥	↕	↔	⛴
AsukaⅡ 飛鳥Ⅱ	50,142	800	470	241	29.6	2006

郵船クルーズ
TEL. 0570-666-154
http://www.asukacruise.co.jp

Nippon Maru
伝統を受け継ぐ
和のおもてなし

商船三井客船	t	🏛	👥	↕	↔	⛴
Nippon Maru にっぽん丸	22,472	524	230	116.6	24	2010

商船三井客船
TEL. 0120-791-211
http://www.nipponmaru.jp

Pacific Venus
ふれんどしっぷの
温かみあふれる客船

日本クルーズ客船	t	🏛	👥	↕	↔	⛴
Pacific Venus ぱしふぃっくびいなす	26,594	644	204	183.4	25	1998

日本クルーズ客船
TEL. 0120-017-383
http://www.venus-cruise.co.jp

Carnival Cruise Lines
"ファンシップ"が合言葉、
世界最大のクルーズライン。

カーニバルクルーズライン	t	🏛	👥	↕	↔	⛴
Carnival Conquest カーニバルコンクエスト	110,000	2,974	1,150	290.47	35.36	2002
Carnival Breeze カーニバルブリーズ	130,000	3,690	1,386	306	37.18	2012
Carnival Destiny カーニバルデスティニー	101,353	2,642	1,050	272.19	35.36	1996
Carnival Dream カーニバルドリーム	130,000	3,646	1,367	306	37.19	2009
Carnival Ecstasy カーニバルエクスタシー	70,367	2,056	920	260.6	31.39	1991
Carnival Elation カーニバルイレーション	70,367	2,052	920	260.6	31.39	1998
Carnival Fantasy カーニバルファンタジー	70,367	2,056	920	260.6	31.39	1990
Carnival Fascination カーニバルファッシネーション	70,367	2,052	920	260.6	31.39	1994
Carnival Freedom カーニバルフリーダム	110,000	2,974	1,180	290.47	35.36	2007
Carnival Glory カーニバルグローリー	110,000	2,974	1,180	290.47	35.36	2003
Carnival Horizon カーニバルホライゾン	133,500	3,930	1,450	322	37	2018
Carnival Imagination カーニバルイマジネーション	70,367	2,056	920	260.6	31.39	1995
Carnival Inspiration カーニバルインスピレーション	70,367	2,054	920	260.6	31.39	1996
Carnival Legend カーニバルレジェンド	88,500	2,124	930	293.52	32.2	2002
Carnival Liberty カーニバルリバティ	110,000	2,976	1,180	290.47	35.36	2005
Carnival Magic カーニバルマジック	130,000	3,690	1,386	306	35.36	2011
Carnival Miracle カーニバルミラクル	88,500	2,124	910	293.52	32.2	2004
Carnival Paradise カーニバルパラダイス	70,367	2,052	920	260.6	31.39	1998
Carnival Pride カーニバルプライド	88,500	2,124	910	293.52	32.2	2002
Carnival Sensation カーニバルセンセーション	70,367	2,056	920	260.6	31.39	1993
Carnival Spirit カーニバルスピリット	88,500	2,124	910	293.52	32.2	2001
Carnival Splendor カーニバルスプレンダー	113,000	3,006	1,503	290.17	35.36	2008
Carnival Triumph カーニバルトライアンフ	101,509	2,758	1,090	272.19	35.36	1999
Carnival Valor カーニバルヴァラー	110,000	2,984	1,150	290.47	35.36	2004
Carnival Victory カーニバルビクトリー	101,509	2,758	1,090	272.19	35.36	2000
Carnival Vista カーニバルビスタ	133,500	3,934	1,450	321	—	2016

アンフィトリオン・ジャパン
TEL. 03-3832-8411
http://www.amphitryon.co.jp

Celebrity Cruises
きめ細かなサービスが売りの
エレガントなクルーズ。

セレブリティクルーズ	t	🏛	👥	↕	↔	⛴
Azamara Journey アザマラジャーニー	30,277	694	390	180	25	2000
Azamara Quest アザマラクエスト	30,277	694	390	180	25	2000
Celebrity Century セレブリティセンチュリー	71,545	1,814	860	248	32	1995
Celebrity Constellation セレブリティコンステレーション	91,000	2,034	920	294	32	2002
Celebrity Eclipse セレブリティイクリプス	122,000	2,850	1,246	314	36	2010
Celebrity Edge セレブリティエッジ	129,500	2,918	1,320	306	39	2018
Celebrity Equinox セレブリティイクノス	122,000	2,850	1,246	314	36	2009
Celebrity Flora セレブリティフローラ	5,739	100	—	101	16	2019
Celebrity Infinity セレブリティインフィニティ	91,000	2,050	999	294	32	2001
Celebrity Millennium セレブリティミレニアム	91,000	2,034	999	294	32	2000
Celebrity Silhouette セレブリティシルエット	122,000	2,886	1,233	314	36	2011
Celebrity Solstice セレブリティソルスティス	122,000	2,850	1,246	314	36	2008
Celebrity Summit セレブリティサミット	91,000	2,038	999	294	32	2001
Celebrity Xpedition セレブリティエクスペディション	2,824	92	64	90	14	2004

ミキ・ツーリスト
http://www.celebritycruises.jp

Crystal Cruises
日本人の感性にマッチした
ラグジュアリーな外国船。

クリスタルクルーズ	t	🏛	👥	↕	↔	⛴
Crystal Serenity クリスタルセレニティ	68,870	1,070	655	250	32.2	2003
Crystal Symphony クリスタルシンフォニー	51,044	922	566	238	30.2	1995

郵船クルーズ
TEL. 045-640-5351
http://www.crystalcruises-japan.com

Cunard
英国の誇りと伝統を感じる
クルーズライン。

キュナード	t	🏛	👥	↕	↔	⛴
Queen Elizabeth クイーンエリザベス	90,400	2,092	1,003	294	32.25	2010
Queen Mary2 クイーンメリー 2	151,400	2,620	1,253	345	41	2004
Queen Victoria クイーンヴィクトリア	90,000	2,000	1,001	294	32.3	2007

キュナードライン ジャパンオフィス
http://www.cunard.jp

t…トン(t) 🏛…乗客定員(人) 👥…乗組員数(人) ↕…全長(m) ↔…全幅(m) ⛴…就航・改装(年)

Costa Cruises
陽気なイタリアンスタイルが魅力、アジアクルーズも充実。

コスタクルーズ	t	🛏	👤	↕	↔	⛴
Costa Atlantica コスタアトランチカ	86,000	2,680	897	292.5	32.2	2000
Costa neoClassica コスタネオクラシカ	53,000	1,680	607	220.6	30.8	1991
Costa Deliziosa コスタデリチョーザ	92,600	2,826	934	294	32.3	2010
Costa Diadema コスタディアデマ	132,500	4,947	1,253	306	37.2	2014
Costa Favolosa コスタファボローザ	114,500	3,800	1,100	290	35.5	2011
Costa Fascinosa コスタファシノーザ	113,200	3,800	1,100	290	35.5	2012
Costa Fortuna コスタフォーチュナ	103,000	3,470	1,027	272	35.5	2003
Costa Luminosa コスタルミノーザ	92,600	2,826	1,050	294	32.3	2009
Costa Magica コスタマジカ	103,000	3,470	1,027	272	35.5	2004
Costa Mediterranea コスタメディタラニア	86,000	2,680	897	292	32.2	2003
Costa Pacifica コスタパシフィカ	114,500	3,780	1,100	290	35	2009
Costa neoRiviera コスタネオリビエラ	48,200	1,727	500	216.5	28.8	1999
Costa Neo Romantica コスタネオロマンチカ	57,000	1,800	662	221	31	1993
Costa Serena コスタセレーナ	114,500	3,780	1,100	290	35.5	2007
Costa Venezia コスタベネチア	135,500	5,260	—	323.6	37.2	2019
Costa Victoria コスタビクトリア	75,200	2,394	760	253	32	1996

コスタクルーズ
http://www.costajapan.com

Disney Cruise Line
ディズニーの世界を満喫できるクルーズライン。

ディズニークルーズライン	t	🛏	👤	↕	↔	⛴
Disney Dream ディズニードリーム	128,000	4,000	1,458	340	38	2011
Disney Magic ディズニーマジック	83,000	2,400	975	294	32	1998
Disney Wonder ディズニーワンダー	83,000	2,400	975	294	32	1999

郵船トラベル
TEL. 0120-55-3951
http://www.ytk.co.jp/dis/index

Dream Cruises
美食やホスピタリティが魅力のアジア初のプレミアム客船

ドリームクルーズ	t	🛏	👤	↕	↔	⛴
Explorer Dream エクスプローラードリーム	75,338	1,856	1,225	268	32	1999
Genting Dream ゲンティンドリーム	150,695	3,352	2,016	335	40	2016
World Dream ワールドドリーム	150,695	3,352	2,016	335	40	2017

ゲンティンクルーズライン
スタークルーズ日本オフィス
TEL. 03-6403-5188
http://www.dreamcruise.jp

Holland America Line
美術館のような内装も魅力のクルーズライン。

ホーランドアメリカライン	t	🛏	👤	↕	↔	⛴
Amsterdam アムステルダム	62,735	1,380	600	238	32.2	2000
Eurodam ユーロダム	86,273	2,104	929	285.3	32	2008
Koningsdam コーニングズダム	99,500	2,650	—	297	35	2016
Maasdam マースダム	55,575	1,627	580	219.21	30.8	1993
Nieuw Amsterdam ニューアムステルダム	86,273	2,104	929	285	32.2	2010
Noordam ノールダム	82,318	2,457	800	285	32.21	2006
Oosterdam オーステルダム	82,305	1,916	817	285	32.22	2003
Prinsendam プリンセンダム	38,848	835	428	204	28.9	1988
Rotterdam ロッテルダム	61,849	1,802	600	237.95	32.25	1997
Statendam スタテンダム	55,819	1,627	580	219.21	30.8	1993
Veendam ヴィーンダム	57,092	1,719	580	219.21	30.8	1996
Volendam フォーレンダム	61,214	1,850	615	237.91	32.25	1999
Westerdam ウエステルダム	82,348	2,455	817	285.24	32.21	2004
Zaandam ザーンダム	61,396	1,850	615	237	32.25	2000
Zuiderdam ザイデルダム	82,305	2,387	817	285.42	32.25	2002

オーバーシーズトラベル
TEL. 03-3567-2266
http://www.cruise-ota.com/holland

MSC Cruises
地中海生まれのイタリアンスタイルクルージング。

MSCクルーズ	t	🛏	👤	↕	↔	⛴
MSC Armonia MSCアルモニア	65,542	2,679	721	274.9	32	2004
MSC Bellissima MSCベリッシマ	167,600	5714	—	315.83	43	2019
MSC Divina MSCディヴィーナ	139,072	4,345	1,388	333.3	37.92	2012
MSC Fantasia MSCファンタジア	137,936	4,363	1,370	333.3	37.92	2008
MSC Lirica MSCリリカ	65,591	2,679	721	274.9	32	2003
MSC Magnifica MSCマニフィカ	95,128	3,223	1,038	293.8	32.2	2010
MSC Meraviglia MSC メラビリア	171,598	5,714	1,536	315	43	2017
MSC Musica MSCムジカ	92,409	3,223	1,014	293.8	32.2	2006
MSC Opera MSCオペラ	65,591	2,679	728	274.9	32	2004
MSC Orchestra MSCオーケストラ	92,409	3,223	1,054	293.8	32.2	2007
MSC Seaside MSCシーサイド	160,000	5,179	1,413	323	41	2017
MSC Seaview MSCシービュー	160,000	5,179	1,413	323	41	2018
MSC Sinfonia MSCシンフォニア	65,542	2,679	765	274.9	32	2005
MSC Splendida MSCスプレンディダ	137,936	4,363	1,370	333.3	37.92	2009
MSC Poesia MSCポエジア	92,627	3,223	1,388	293.8	32.2	2008
MSC Preziosa MSCプレチオーサ	139,072	4,345	1,388	333.3	37.92	2013

MSCクルーズジャパン
TEL. 03-5405-9211
http://www.msccruises.jp

Norwegian Cruise Line
楽しみ方自由自在の、フリースタイルクルージング。

ノルウェージャンクルーズライン	t	🏛	👥	↕	↔	⛴
Norwegian Breakaway　ノルウェージャンブレイクアウェイ	144,017	4,000	1,753	324	39.7	2013
Norwegian Bliss　ノルウェージャンブリス	168,028	4,004	1,716	331.4	41.4	2018
Norwegian Dawn　ノルウェージャンドーン	92,250	2,224	1,126	294.1	32	2001
Norwegian Encore　ノルウェージャンアンコール	167,800	3,998	1,735	333	41.4	2019
Norwegian Epic　ノルウェージャンエピック	155,873	4,100	1,753	329	40.5	2010
Norwegian Getaway　ノルウェージャンゲッタウェイ	146,600	4,000	1,753	324	39.7	2014
Norwegian Gem　ノルウェージャンジェム	93,530	2,394	1,101	294.1	32.2	2007
Norwegian Jade　ノルウェージャンジェイド	93,558	2,402	1,076	294.1	32.2	2008
Norwegian Jewel　ノルウェージャンジュエル	93,502	2,376	1,100	294.1	32.2	2005
Norwegian Pearl　ノルウェージャンパール	93,530	2,394	1,099	294	32.2	2006
Norwegian Sky　ノルウェージャンスカイ	77,104	950	914	260	32.2	2002
Norwegian Star　ノルウェージャンスター	91,000	2,240	1,069	294.1	32	2002
Norwegian Sun　ノルウェージャンサン	78,309	1,936	916	260	32.2	2001
Pride of America　プライドオブアメリカ	80,439	2,138	1,000	280.4	32.1	2005

ノルウェージャンクルーズライン
http://www.ncljpn.jp

Oceania Cruises
ベルリッツクルーズガイドで5つ星、有名シェフが手がけるグルメも魅力。

オーシャニアクルーズ	t	🏛	👥	↕	↔	⛴
Nautica　ノーティカ	30,277	684	386	181	25.5	1998
Marina　マリーナ	65,000	1,258	800	236.7	32.1	2011
Riviera　リビエラ	65,000	1,250	800	236.7	32.1	2012
Regatta　レガッタ	30,277	684	386	181	25.5	1998

オーシャニアクルーズ
TEL.03-4530-9884
https://jp.oceaniacruises.com

Paul Gauguin Cruises
タヒチの島々を巡るラグジュアリー客船

ポールゴーギャンクルーズ	t	🏛	👥	↕	↔	⛴
Paul Gauguin　ポールゴーギャン	19,200	332	217	156.5	21.6	2012

インターナショナル・クルーズ・マーケティング
TEL. 03-5405-9213
http://www.icmjapan.co.jp/pg

Ponant
美食が売りの、ガストロノミーシップ。

ボナン	t	🏛	👥	↕	↔	⛴
L'austral　ロストラル	10,700	264	140	142	18	2011
Le Boreal　ルボレアル	10,700	264	140	142	18	2010
Le Champlain　ルシャンプラン	9,900	184	110	131	8	2018
Le Laperouse　ルラペルーズ	9,900	184	110	131	8	2018
Le Lyrial　ルリリアル	10,700	260	140	142	18	2015
Le Ponant　ルポナン	1,443	64	32	88	12	1991
Le Soleal　ルソレアル	10,700	264	140	142	18	2013

ポナン
http://www.ponant.jp

Princess Cruises
個人の好みに合わせた、パーソナルチョイスクルージング。

プリンセスクルーズ	t	🏛	👥	↕	↔	⛴
Island Princess　アイランドプリンセス	92,000	1,970	900	290	32	2003
Caribbean Princess　カリビアンプリンセス	116,000	3,100	1,100	290	36	2004
Coral Princess　コーラルプリンセス	92,000	1,970	900	290	32	2002
Crown Princess　クラウンプリンセス	116,000	3,070	1,100	290	36	2006
Dawn Princess　ドーンプリンセス	77,000	1,950	900	261	32	1997
Diamond Princess　ダイヤモンドプリンセス	116,000	2,670	1,238	290	37.5	2004
Emerald Princess　エメラルドプリンセス	113,000	3,070	1,100	290	36	2007
Golden Princess　ゴールデンプリンセス	109,000	2,600	1,100	290	36	2001
Grand Princess　グランドプリンセス	109,000	2,600	1,100	290	36	1998
Majestic Princess　マジェスティックプリンセス	143,700	3,560	1,350	330	38.4	2017
Ocean Princess　オーシャンプリンセス	30,200	670	370	178	25	1999
Pacific Princess　パシフィックプリンセス	30,200	670	370	178	25	1999
Ruby Princess　ルビープリンセス	113,000	3,070	1,100	290	36	2008
Sapphire Princess　サファイアプリンセス	116,000	2,670	1,238	290	37.5	2004
Sea Princess　シープリンセス	77,000	1,950	900	261	32	1998
Sky Princess　スカイプリンセス	144,650	3,660	1,346	330	38.4	2019
Star Princess　スタープリンセス	109,000	2,600	1,100	290	36	2002
Sun Princess　サンプリンセス	77,000	1,950	900	261	32	1995
Regal Princess　リーガルプリンセス	141,000	3,600	1,346	330	47	2014
Royal Princess　ロイヤルプリンセス	141,000	3,600	1,346	330	47	2013

プリンセスクルーズ ジャパンオフィス
http://www.princesscruises.jp

Pullmantur Cruises
太陽の国スペインを拠点に楽しいクルーズを提供

プルマントゥールクルーズ	t	🏛	👥	↕	↔	⛴
Horizon　ホライズン	47,427	1,828	—	208	29	1990
Monarch　モナーク	73,937	2,766	—	268	32	1991
Sovereign　ソブリン	73,192	2,852	—	268	32	1988

ジェイバ
TEL. 03-5695-1647
http://jeibacruise.jp/pullmantur

Regent Seven Seas Cruises
思うままにくつろげる、洋上の我が家。

リージェントセブンシーズクルーズ	t	🏛	👥	↕	↔	⛴
Seven Seas Explorer　セブンシーズエクスプローラー	56,000	542	748	224	31	2016
Seven Seas Mariner　セブンシーズマリナー	48,075	700	445	216	28.3	2001
Seven Seas Navigator　セブンシーズナビゲーター	28,550	490	345	172	24.7	1999
Seven Seas Splendor　セブンシーズスプレンダー	50,125	750	542	224	31	2020
Seven Seas Voyager　セブンシーズボイジャー	42,363	700	447	204	28.8	2003

リージェントセブンシーズクルーズ
https://jp.rssc.com

t…トン(t)　🏛…乗客定員(人)　👥…乗組員数(人)　↕…全長(m)　↔…全幅(m)　⛴…就航・改装(年)

Royal Caribbean International

世界最大の客船も有する、バラエティ豊かなラインアップ。

ロイヤルカリビアンインターナショナル	t	🛏	👤	↕	↔	🚢
Adventure of the Seas　アドベンチャーオブザシーズ	137,276	3,114	1,185	310	48	2001
Anthem of the Seas　アンセムオブザシーズ	167,800	4,180	1,500	348	41	2015
Allure of the Seas　アリュールオブザシーズ	225,282	5,400	2,384	361	66	2010
Brilliance of the Seas　ブリリアンスオブザシーズ	90,090	2,112	848	293	32	2002
Enchantment of the Seas　エンチャントメントオブザシーズ	81,000	2,252	873	301	32	1997
Explorer of the Seas　エクスプローラーオブザシーズ	137,308	3,114	1,185	310	48	2000
Freedom of the Seas　フリーダムオブザシーズ	154,407	3,634	1,360	338	56	2006
Harmony of the seas　ハーモニーオブザシーズ	227,000	5,400	2,165	361	63	2016
Independence of the Seas　インディペンデンスオブザシーズ	154,407	3,634	1,360	338	56	2006
Jewel of the Seas　ジュエルオブザシーズ	90,090	2,112	859	293	32	2004
Liberty of the Seas　リバティオブザシーズ	154,407	3,634	1,360	338	56	2007
Majesty of the Seas　マジェスティオブザシーズ	73,941	2,380	884	268	32	1992
Mariner of the Seas　マリナーオブザシーズ	138,279	3,114	1,185	310	48	2003
Navigator of the Seas　ナビゲーターオブザシーズ	138,279	3,114	1,213	310	48	2002
Oasis of the Seas　オアシスオブザシーズ	225,282	5,400	2,384	361	66	2009
Ovation of the Seas　オベーションオブザシーズ	167,800	4,180	1,500	348	41	2016
Quantum of the Seas　クァンタムオブザシーズ	167,800	4,180	1,500	348	41	2014
Radiance of the Seas　レディアンスオブザシーズ	90,090	2,139	869	293	32	2001
Rhapsody of the Seas　ラプソディオブザシーズ	78,491	1,998	765	279	32	1997
Serenade of the Seas　セレナーデオブザシーズ	90,090	2,110	891	294	32	2003
Spectrum of the Seas　スペクトラムオブザシーズ	168,666	4,246	1,551	347	41	2019
Symphony of the Seas　シンフォニーオブザシーズ	230,000	5,494	2,175	362	65	2018
Vision of the Seas　ビジョンオブザシーズ	78,491	2,000	765	279	32	1998
Voyager of the Seas　ボイジャーオブザシーズ	137,276	3,114	1,176	310	48	1999

ミキ・ツーリスト
http://www.royalcaribbean.jp

SAGA Cruises

落ち着いた雰囲気の中楽しめる、ブリティッシュスタイルクルーズ。

サガクルーズ	t	🛏	👤	↕	↔	🚢
Saga Sapphire　サガサファイア	33,701	1,158	406	199	28.6	1982
Spirit of Discovery　スピリットオブディスカバリー	58,250	999	517	236	31.21	2019

マーキュリートラベル
TEL. 045-664-4268
http://www.mercury-travel/saga

Seabourn Cruise Line

ヨットタイプのスモールシップで楽しむ、最高峰のクルーズ。

シーボーンクルーズライン	t	🛏	👤	↕	↔	🚢
Seabourn Encore　シーボーンアンコール	40,350	600	400	210	28	2016
Seabourn Odyssey　シーボーンオデッセイ	32,000	450	330	195	25.2	2009
Seabourn Quest　シーボーンクエスト	32,000	450	330	195	25.2	2011
Seabourn Sojourn　シーボーンソジャーン	32,000	450	330	195	25.2	2010

オーバーシーズトラベル
TEL. 03-3567-2266
http://cruise-ota.com/seabourn
カーニバル・ジャパン
TEL. 03-3573-3610

Silversea Cruises

クルーズ界のロールスロイスとも呼ばれる、ラグジュアリーシップ。

シルバーシークルーズ	t	🛏	👤	↕	↔	🚢
Silver Cloud　シルバークラウド	16,800	296	222	156.7	21.5	1994
Silver Discoverer　シルバーディスカバラー	5,218	120	74	103	15.4	2014
Silver Muse　シルバーミューズ	40,700	596	411	212.8	27	2017
Silver Shadow　シルバーシャドー	28,258	382	302	186	24.9	2000
Silver Spirit　シルバースピリット	36,000	540	376	198.5	26.2	2009
Silver Whisper　シルバーウィスパー	28,258	382	302	186	24.9	2001
Silver Wind　シルバーウインド	17,400	296	222	156.7	21.5	1995

シルバーシークルーズ
https://www.silversea.com

Star Clippers

風と波を感じる帆船で、魅惑の寄港地へ。

スタークリッパーズ	t	🛏	👤	↕	↔	🚢
Royal Clipper　ロイヤルクリッパー	4,425	227	106	134	16	2000
Star Clipper　スタークリッパー	2,298	170	74	115.5	15	1992
Star Flyer　スターフライヤー	2,298	170	74	115.5	15	1991

メリディアン・ジャパン
TEL. 0476-48-3070
https://starclippers.jp

Star Cruises

カジュアルで自由なスタイルが魅力のクルーズライン。

スタークルーズ	t	🛏	👤	↕	↔	🚢
SuperStar Aquarius　スーパースターアクエリアス	51,039	1,529	889	229.8	28.5	1993

スタークルーズ
TEL. 03-6403-5188
http://www.starcruises.co.jp

Viking Ocean Cruises

名門バイキング社を受け継ぐ大人のためのクルーズライン

バイキングオーシャンクルーズ	t	🛏	👤	↕	↔	🚢
Viking Sea　バイキングシー	47,800	930	550	230	28.8	2016
Viking Star　バイキングスター	47,800	930	550	230	28.8	2015
Viking Sky　バイキングスカイ	47,800	930	550	230	28.8	2017
Viking Sun　バイキングサン	47,800	930	550	230	28.8	2017

オーシャンドリーム
TEL. 042-773-4007
http://oceandream.co.jp

Windstar Cruises

3隻のラグジュアリーな帆船を有するクルーズライン。

ウインドスタークルーズ	t	🛏	👤	↕	↔	🚢
Star Breeze　スターブリーズ	9,975	212	140	134	19	1989
Star Legend　スターレジェンド	9,975	212	140	134	19	1992
Star Pride　スタープライド	9,975	212	140	134	19	1988
Wind Spirit　ウインドスピリット	5,350	148	88	134	15.8	1988
Wind Star　ウインドスター	5,350	148	88	134	15.8	1986
Wind Surf　ウインドサーフ	14,745	312	163	187	20	1990

セブンシーズリレーションズ
TEL. 03-6869-7117
http://windstarcruises.jp

Final Edit

新旧の交差点で感じたこと。

text by Masatsugu Mogi, photo by Taku Tanji

ノアの箱舟をいただいたような高層ホテル、宇宙船が舞い降りたようなショッピングセンター、果てはフェラーリやポルシェが購入できるベンディングマシーン。とにかく「派手に、いてまえ!」なのがシンガポールのスタイル。この10年でさらに覚醒した?と思わせる突っ走りようだ。一方で、街角の古い寺院はしっかりと残り、今でも老若男女のライフスタイルに組み込まれている。新しいものと古いもの、双方を組み合わせることで心のバランスを維持し、次へのエネルギーを得ているのだろうか。ちょっと大阪チック? 1週間の滞在で気付いたことだ。

CRUISE Traveller ONLINE
www.cruisetraveller.jp
CRUISE Traveller公式サイトでは
今号の取材模様を公開しています。

Staff

Publisher
Noriko Tomioka 富岡範子

Editor-in-Chief
Masatsugu Mogi 茂木政次

Associate Editor
Nami Shimazu 島津奈美

Editors
Taku Tanji 丹治たく
Koji Nakamachi 仲町康治
Chieko Chiba 千葉千枝子
Harumi Takaya 高谷治美

Art Director
Kenji Inukai 犬飼健二

Designers
Ayumi Itokawa 糸川あゆみ
（犬飼デザインサイト）
Mayumi Takai 高井真由美
（犬飼デザインサイト）
Fukumi Ito 伊藤ふくみ
（犬飼デザインサイト）
Hiroyuki Hitomi 人見祐之
（PDSTUDIO）

Senior Correspondents
Hisashi Noma 野間恒

Contributing Editor
Katsumi Koike 小池克己
（株式会社海人社）

Printing Manager
Kenichiro Imano 今野健一朗

CRUISE Traveller
クルーズトラベラー Spring 2020
シンガポール、
100の情熱。
2020年3月15日初版発行

Published by
発行
クルーズトラベラーカンパニー株式会社
〒104-0061
東京都中央区銀座6-14-8
銀座石井ビル4F
TEL 03-6869-3990

Distribution by
発売
丸善出版株式会社
〒101-0051
東京都千代田区神田神保町2-17
神田神保町ビル6F
電話 03-3512-3256

Printed by
印刷・製本
三共グラフィック株式会社

定期購読に関するお問い合わせ
TEL 0120-924-962
（土日祝を除く平日10〜15時）

ISBN 978-4-908514-21-0　C0026
Printed in Japan

クルーズクラスマガジン
クルーズトラベラーは、
船旅を愛する読者に支えられ
3・6・9・12月にリリースしています。